湛庐 CHEERS

与最聪明的人共同进化

HERE COMES EVERYBODY

津巴多口述史

PHILIP ZIMBARDO
AN ORAL HISTORY

[美] 菲利普·津巴多（Philip Zimbardo）著
童慧琦 陈思雨 译

浙江教育出版社·杭州

十问菲利普·津巴多

关于您的人生
ABOUT YOUR LIFE

Q：心理学给您的生活带来了什么改变？

A：心理学在很多方面让我的生活变得充实而鲜活。如果要我说说最大的改变，那就是它让我更加清楚地认识到自己的行为会受到哪些因素的影响，让我得以在生活中做出更明智的选择，它还给了我一段长达 50 多年的宝贵的教学事业。

Q：“第一个站出来说话，有解决问题的办法，身后最好有一个大高个儿当帮手。”您在 8 岁时总结了这几点领导者特征，令人印象深刻。中国的年轻人非常关注的话题之一是成功，您觉得成功者应该具有什么样的特征？

A：最后一点可以用“保持豁达”替换一下，现在我已经不需要大高个儿当帮手了，哈哈。话说回来，我认为成功者的特征包括以下几点：拥有一个或多个领域的知识；对自己在未来人生各个阶段想要达到的目标有清晰的规划；具备努力工作的强大动力，甘愿牺牲一些世俗的快乐来达成特定的目标。

几年前我访问中国时，从许多学生和老师那里了解到，中国的很多父母给孩子施加了过多的压力，希望他们能“争第一”！有太多学生担心自己能否取得优异的成绩、在班上名列前茅。然而可悲的是，这种担忧和焦虑反而会妨碍学习效率和考试成绩的提升。其实，真正至关重要的是相信自己，在生活的各个方面都注重培养乐观、进取的态度。

Q：请分享对您影响最大的一位心理学家和一位其他领域的专家。

A：我最喜欢的非学术心理学家是伊迪丝·伊格（Edith Eger）博士，她是一位临床心理学家，在加利福尼亚州圣迭戈工作。她在年仅 16 岁的时候，就被关进了恐怖的奥斯维辛集中营。然而，伊迪丝进入集中营的第一天就控制住了母亲被纳粹杀害带来的痛苦情绪，并通过幽默而富有创造性的活动，改善了许多与她住在同一牢房里的年长女性的生活。我向大家推荐关于她这些经历的精彩著作《拥抱可能》(*The Choice: Embracing the Possible*)。年逾九十的伊迪丝是我所认识的最了不起的人之一，她的治疗实践也是面向受虐幸存者提供帮助。

我心目中的另一位英雄是捷克共和国前总统瓦茨拉夫·哈韦尔（Vaclav Havel）。他本是一位艺术家、剧作家，却公开质疑政府领导人腐败、不能胜任为捷克公民服务的职责。最终他以多数票当选，领导了一届新政府。他始终保持着尊严，施行务实且明智的政策，曾带领国家在本地经济和国际上取得了成功。

Q：您希望哪些人读这本书？

A：我当然想让所有人都来读！

实际一点，我希望所有对这样一个不同寻常的故事感兴趣的人都能读到这本书，他们将看到：一个成长在纽约市贫民区的贫穷多病的孩子，通过心理学事业赢得了财富，最终成为美国心理协会的主席，还创立并领导了“英雄想象项目”（Heroic Imagination Project）。此外，我还希望所有认同家庭生活应该是生活的中心的人来读这本书，因为我有一位亲爱的妻子，我们结婚已经 48 年了，还有三个出色的孩子和两个可爱的孙子孙女。

关于您眼中的心理学
ABOUT PSYCHOLOGY IN YOUR EYES

Q：社会心理学家的事业对社会最大的价值体现在哪儿？

A：一位优秀的现代社会心理学家可以将基于实证研究的结论转化为实际应用，真正改变人的日常生活。我们努力使普罗大众的生活变得更好、更满足也更充实。

Q：弗洛伊德面对爱因斯坦的质疑曾经说过：“你研究的是数学和物理，不像我研究的心理学，人人可插嘴。”您怎么看？也有人曾经质疑过您的斯坦福监狱实验，您是怎么应对的？

A：这两位都是了不起的学者，弗洛伊德的思想帮助我们理解了人类的思维是如何运作的，而爱因斯坦的思想则帮助我们理解了整个宇宙是如何运作的！

到 2021 年 8 月，我的斯坦福监狱实验就要迎来它的 50 周年生日了。

它经受住了时间的考验，至今依然是所有心理学实验中被引用次数最多的一个。然而最近，人们对我的研究提出了许多批评，他们引用自己“发现”的一些东西，论断说我的研究完全是欺诈或谎言。奇怪的是，他们声称是由自己发现的那些东西，其实是来自斯坦福大学档案馆和阿克伦大学（University of Akron）心理学档案馆的资料，而正是我亲手把现存的有关斯坦福监狱实验的全部资料捐赠给了这两个研究中心。这些档案已经经过数字化，任何有兴趣了解 1971 年 8 月那一周所发生的事情的人都可以查阅。如果还想了解这个实验的更多细节，就看看这本书吧。

Q：您认为在未来，心理学的哪些研究和发现会对人的影响最大？

A：我认为在心理学中，有三个重要领域具有巨大的潜力：和平心理学、健康心理学和气候变化心理学。

关于当下
ABOUT NOW

Q：我们现在在物质条件和生活水平方面比父辈更好了，却比过去焦虑了。您能给焦虑的人们提供一些建议吗？

A：我们是否会焦虑，并不在于如今的生活水平是否比父辈更好，而在于我们是否正在享受自己的生活，是不是会创造乐趣、勇于冒险、去计划一场激动人心的假期，等等。尤其是对吃穿不愁的中产阶级来说，他们的焦虑不是基于经济原因，而是源于过分担心无法掌控自己和孩子的未来。

我的建议始终如一：充分利用现在的时光，享受当下，掌控自己能够直接控制的一切。还有就是找到一项有意义的事业，无论是社会性的还是政治性的，让自己成为一名支持者和倡导者。

Q：**2020 年新冠疫情期间，很多人出现了紧张、恐惧等负面情绪，您觉得哪些方法可以减轻心理压力？**

A：在世界各地，新冠疫情仍在持续，许多人感到了一系列的负面情绪，这是可以理解的。对未来的不确定性，无论远近，都会令人产生合理的担忧。再加上遭到隔离、家庭和社交上的孤独感、收入损失、因付不起房租而被逐出家门的恐惧等因素，许多人陷入了生存焦虑之中。

怎么办呢？

你可以在日常生活中寻找一些能给自己带来快乐的小事情，花更多的时间与孩子、配偶在一起，每天同朋友和远方的家人保持联系。此外，你也可以通过在家里进行日常锻炼来保持身体健康，最好是让全家人一起参与。还可以听听悦耳的音乐，跟着一起唱，看喜剧片，开始学习一项新的技能，比如绘画、摄影、写诗或编点儿笑话。这一切都是要设法让现在变得更加快乐，同时也保持对未来最终会变好的期待。

Q：**还有什么想对中国读者说的？**

A：我曾在中国度过了生命中最美好的两周，在各个城市旅行，给许多学生和同行讲课，结交新朋友、品尝新美食、学习新风俗，还沿着长城漫步。我希望能在不久的将来回到你们这个美好的国家，也许是宣传这本书，同时也和你们分享我的一些新想法。

津巴多为什么这么火

1971 年 8 月的一个星期日早上，一群身心健康的大学生被带到斯坦福大学的模拟监狱，他们中的一部分人扮演监狱狱警，另外一部分人扮演囚犯，开始了“监狱生活”。这项大胆的实验不仅震撼了许多人的心灵，也让我们记住了实验设计者、本书的主人公菲利普·津巴多教授。2015 年同名电影《斯坦福监狱实验》（*The Stanford Prison Experiment*）上映，这个著名的心理学实验登上了大银幕，如今，“津巴多”成了心理学界中一个响亮的名字。

为什么一个实验就让津巴多火了一辈子？原因有四：

善与恶：直逼人性的主题

童年的一次经历引发了津巴多的思考：是什么让纯洁

的孩子迈过善恶界限，选择了站在恶的一边？他开始关注善恶的一些基本问题。多年后，高中同学斯坦利·米尔格拉姆（Stanley Milgram）的“服从实验”再次震撼了津巴多，实验表明了情境具有超越人性的力量。“监狱实验”与“服从实验”都揭示了人性中的恶，但不同的是“服从实验”凸显的是被动致恶的环境力量，让我们看到人们如何被权力逼迫去做坏事；而“监狱实验”则展现出主动致恶（有意识或无意识的自愿）的环境启动，也就是人们如何使用权力去做坏事。这不是人格的问题，是环境的问题，两项研究都验证了环境对人性的巨大改变力，人性是脆弱的，只要环境允许，邪恶就会上身。这就是津巴多后来提出的“平庸之恶”，我们每个平凡的人都可能如此。可以说，津巴多一生都在思考人性这一核心问题，他的退休演讲就是以“探索人性”作为题目的。

行动实验：原生态的方法

津巴多十分注重“真实记录”的研究生态效应。他的研究问题源自现实生活，也力求重现“原生态”场景。这得益于他在大学期间的心理学、人类学和社会学综合学习经历与实地研究训练。1970 年他为本科生开设了一门名为“行动中的社会心理学”的课程，“监狱实验”是出自课程的“监禁心理”研究小组的选题，最终成为一场走出实验室的行动实验研究。为此，津巴多考察场地，联系警察局等合作方，力求每个环节都是真实的操作，真警察、真逮捕、真制服、真牧师、真律师等，尽力去除人为痕迹。他用昂贵的摄影机和胶片记下被试的行动，抛却严格的数据统计分析，成就了一场活生生的现场实验。

路西法效应：引人深省的理论

一场为期 5 天的实验留给我们什么思考？这就要归结到理论问题。津巴多用“路西法效应”阐述了实验结果——为什么好人也会做坏事？他讲述了一个道理：如果你想改变一个人，就必须改变环境。他的《路西法效应》一书让我们对人性有了更复杂的思考，而不局限于善恶两极化的单维范式。津巴多也由早期对“平庸之恶”转向后期对“平庸之善”的研究。近几年，我的实验室正在进行着善恶人格的研究项目，津巴多的研究是我们的主要参考文献来源。我们用词汇学与因素分析、访谈与问卷等方法发现善与恶不是单维的两极，而是两个相互独立的维度。这印证了津巴多的实验结论，也让我们更合理地解释为什么有人会表现出大善小恶、有人会出现大恶小善，等等。

环境 - 人性：融合性的启发

在美国心理协会的划分里，人格与社会是放在一起的。在人格与社会心理学研究领域中，人格心理学偏于关注人性问题，这通常是首要问题，而社会心理学偏重于环境问题。早期的人格心理学强调人性的初始性，认为人性善恶生而有之，不受环境左右，就像人们常说的“人之初，性本善”。但是，在社会心理学取向的“监狱实验”里，津巴多让我们看到了被环境绑架的人，看到环境会驱使人们做好事或做坏事。至此之后，很多人格与社会心理学家更加认同环境 - 人性交互作用理论。对于大多数平凡人来说，他们容易受到环境影响的作用力，环境好会使人积极向善，环境差会启动人性之恶。我们在研究中用双维理论搭建了善恶解释模型（见图 1）：人性善的人在环境好时会见义勇为，但是环境差时可能就会洁身自好；好环境可以使恶人得到约束、弃恶从善，差环境则会使恶人丧失底线、无恶不作。这一模型直观地说明了环境与人性的交互作用原理。

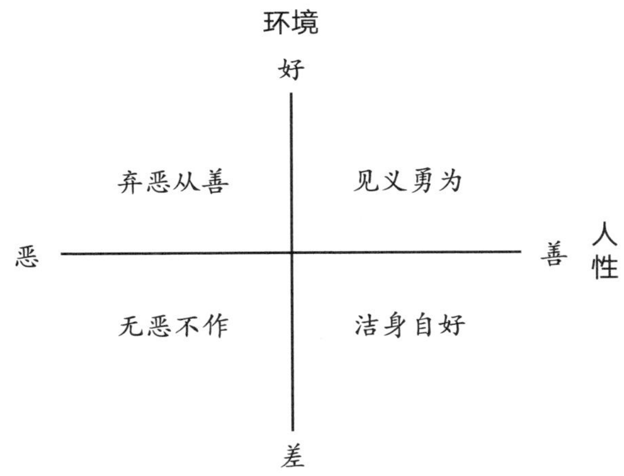

图 1　环境与人性的交互作用模型

那么，具备什么心理品质的人可以造就如此辉煌的学术成就？品质有三：

品质 1：不服输的逆向人

不服输是津巴多从小就显示出来的人格特质，摆脱生活贫困，冲破家庭桎梏，经历种族歧视，面对专业挑战，所有的挫折并没有让他退缩，而是成为使其强大的动力，他一直按照自己的计划一步步勇往直前。为了完成“监狱实验”，他从前期到后期都亲力亲为，克服重重困难。但是，不服输并非固执己见，实验期间，在其女朋友（之后的妻子）的质疑中，津巴多从对实验的沉浸中清醒过来，他听从了她的建议。曾经作为学生的他最不喜欢枯燥的心理学入门课，之后，作为教师的他改变课程风格，开发了颇受欢迎的课程与教材。津巴多还倡导非学术的心理学职业发展，鼓励学生去硅谷的科技公司、去医院或诊所，将心理学知识运用推广到各行各业。他在不同领域中经常以逆向思维改变不合理之处并扩展疆界，成了卓尔不群的人。

品质 2：知识跨界的教书人

教学是津巴多最引以为豪的工作，他一生专注于教学，是斯坦福的超级明星教师，也是斯坦福历史上教课最多的教授之一——每周上 5 天课。他开设了很多有趣的课程，例如社会心理学、群体动力学、研究方法、态度转变、监禁心理学、行动中的社会心理学、害羞心理学、精神控制心理学、癫狂心理学等。他的课堂不仅跨系合作，还一反常态地邀请了很多嘉宾，让纳粹集中营的幸存者、有前科的罪犯、艳星、性工作者等在不同课程中现身说“法”。他在课堂上运用了很多与众不同的另类教学方法，例如，让学生做一天离经叛道的人，同时鼓励学生每天通过一些小小的善行，成为“日常英雄”。通过一项“监狱研究”，他还让害羞心理学——自我强加的心理监狱，以及时间心理学、精神控制心理学“跨界”而出。最后，他又将监禁心理学知识跨界应用到现实监狱里，将“情境的力量”运用于法庭辩护中……

品质 3：做好事的领导者

领导力是津巴多一生努力磨炼的技能。津巴多很小就意识到：世界是由领导者和追随者两类人组成的，但就算是领导者有时也会愚蠢至极，强迫他人服从自己的指令，所以，要成为一个做好事的领导者。他从 8 岁就开始观察并归纳出领导者的特征，模仿他们，直至具备这些特征。这一能力一直贯穿在他的职业生涯中，最终让他成为学界领袖——美国心理协会主席、科学协会主席委员会（Council of Scientific Society Presidents，CSSP）主席。

津巴多——这位具有伟大抱负的心理学家，用其一生的智慧与善行，不断实现着“解放人类心灵牢笼”的目标，他帮助人们从害羞、无知、自我膨胀的牢笼中解救自我，激励年轻人成为“日常英雄”。从这个意义上说，他是走在我们前面的思想引领者，是人类心灵的工程师。

这本口述史，向我们展现了津巴多如何将心理学事业放眼于全人类，用鲜活的实验回答人类之问，揭示人性之恶的无情，惊醒浑噩不清的头脑，洗涤人类心灵的尘埃。相信每一个人都能通过阅读本书识别并走出自己的“心理监狱”，进入一个超越自我的卓越人生世界。

许燕
中国社会心理学会前任会长、北京师范大学心理学部教授
2020 年 10 月 3 日于北京紫竹公寓

测一测

人气心理学大师津巴多的故事，你了解多少?

1. 津巴多小小年纪就感受到了偏见的力量，他在北好莱坞高中受到排挤，因为同学们误以为他是____。

A. 犹太人

B. 黑手党

C. 黑人

D. 波多黎各人

2. 早在高中时代，津巴多和好友斯坦利·米尔格拉姆就都是____。

A. 结构主义者

B. 行为主义者

C. 情境主义者

D. 反战积极分子

3. 在斯坦福监狱实验中，为了让模拟情境尽可能逼真，津巴多安排了很多真正的监狱相关从业者参与实验。但以下哪一项不属于此列?

A. 真正的警察逮捕

B. 真正的假释委员会听证会

C. 真正的监狱牧师

D. 真正的公共辩护律师

4. 津巴多的以下哪一项研究不是斯坦福监狱实验的衍生产物?

A. 害羞

B. 时间观

C. 精神控制

D. 认知失调

5. 津巴多的"英雄想象项目"成功扩展到世界各地，除了____。

A. 意大利　　B. 法国

C. 伊朗　　D. 中国

扫码获取答案，
开启津巴多一生的旅程。

PHILIP ZIMBARDO
AN ORAL HISTORY

目录

第 5 章

用心理学改变世界 / 125

第 6 章

重新定义英雄 / 153

第 7 章

解放人类心灵的牢笼 / 173

AN ORAL HISTORY

PHILIP ZIMBARDO

第 1 章

不服输的小孩

我的祖先和童年

我的家乡在西西里岛：我的祖父母来自靠近巴勒莫的卡马拉塔，外祖父母则来自阿吉拉，靠近卡塔尼亚。祖父菲利普·津巴多（Philip Zimbardo）是个理发师，我就是以他的名字命名的。祖母叫薇拉·津巴多（Vera Zimbardo），我父亲叫乔治·津巴多（George Zimbardo）。我母亲玛格丽特·津巴多（Margaret Zimbardo）和她的家族来自岛的另一边，她未出嫁时的名字是玛格丽特·比西契亚（Margaret Bisicchia），是一个鞋匠的女儿。祖父母和外祖父母都出身卑微，未曾受过教育。他们在 19 世纪末、20 世纪初的西西里移民潮中移居美国。我的父母出生在美国，我是第二代。

我在纽约市一个叫南布朗克斯的地方长大，那是个贫民区。那里就像一个第三世界国家，但当时我们并不懂得这些。对我们来说，那是个令人喜爱的地方。我可以说是在贫困中长大的，因为我父亲对工作没什么热情，经常处于失业状态。他是个理发师，但他不喜欢招待别人，反而喜欢被人侍候。因为他是家里生了 7 个女儿之后的第一个儿子，所以总是被当作小王子一样。我还记得，多年以后，他早已长大成人，但他的姐姐们仍然会把他当作一个可爱的小男孩。他对音乐有着惊人天赋，很有鉴赏力，能够演唱完美的高音。在听了一首歌之后，不到半小时，他就能把这首歌演奏出来。他会演奏各种乐器，包括钢琴、曼陀林、小提琴和吉他，小提琴拉得尤其出色，还会唱歌和跳舞。他一直是种种聚会的中心人物。

他很早就结婚了，他和我母亲玛格丽特有 4 个孩子，彼此间年龄依次相差一岁半。在当时，多子并不是件好事。我出生于 1933 年 3 月 23 日，正值经济大萧条时期。当父亲失业时，我们就会接受家庭救济，每月都能得到一张支票，还可以在食品站获得免费的食物，在特殊的服装店获得免费的衣服。一切都是免费的。但这不是生活，而是羞辱。多年过去，我仍然记得去大工厂领衣服的情景。

在那些日子里，男孩们小时候穿短裤，7 ～ 9 岁时会换成那种现在已经很少见到的灯笼裤，10 ～ 12 岁时才会得到第一条长裤。儿童灯笼裤有两种，一种是用细条纹布做成的，另一种则用宽条纹布做成。宽条纹布做成的裤子在走路时会发出噪声，然后每个人都会因此嘲笑你。我在服装店里一堆一堆地翻找，试图挑些没那么难看的衣服，但它们看起来都一样。这时一个男人走过来说："乞丐不配挑三拣四，随便拿点儿，然后就滚吧。"我记得那时我哭着说："我不是乞丐！而且这本来就是你的工作，你这么粗鲁，根本不配在这儿领薪水！"贫困带来的耻辱是穷人们不愿提起的。后来战争爆发了，我父亲开始对电子产品感兴趣。他没有相关背景，也没有接受过培训，于是和一个受过培训的人合伙开了一家小小的收音机店，赚了些钱。

1947 年，我父亲根据接线图自己做了一台电视机。他的师父是一个波多黎各人，那人在我们公寓楼下开了一家收音机店，地址是东 151 街 1005 号。我对这件事印象深刻。要知道那可是 1947 年，电视机才刚刚发明。那只是一个 6 寸的小屏幕，但我们却用它看了世界职业棒球大赛：洋基队对道奇队。我记得我让其他孩子来家里看比赛，每人收费 50 美分。那会儿真是太棒了！唯一的问题是我父亲不喜欢工作。我曾试图说服他：“爸，这可是一条赚钱的路子。你有手艺，而且我们都会帮你的。我们可以再做一台，每个人都想买。”但是他说：“不，我已经做出一台了，挑战已经完成。对不起，我没兴趣了。”

这是件挺让人难过的事。然后我意识到，摆脱贫困的唯一途径就是接受教育。我在很小的时候就已经意识到了这一点。我很喜欢上学。学校里秩序井然，干净整洁，没有混乱。在这里，贫困被抛在了脑后。那时候的老师令人钦佩，他们是真正的英雄。他们深入这些有时会很危险的贫穷社区，不仅教会我们学科知识，还授予我们生活智慧，告诉我们环境卫生以及个人清洁的重要性。我还记得老师教我们怎样摆餐桌。就在那时，我意识到了教育的特殊意义，并为此十分感激。

我一直是个不错的学生。我从 PS 25 转到一所名为 PS 52 的初中男校。毕业后，我在史岱文森高中（Stuyvesant High School）上了一个学期的课。初中时我的身边就一直全是男生，已经受够了。我不想再待在全是男生的学校。史岱文森高中很棒，学术水平很高。但是后来，我还是转到了布朗克斯区的詹姆斯·门罗高中（James Monroe High School），因为那里有很多可爱的女孩子，而且我有些朋友也去了那里。1947 年底，我们全家搬到了加利福尼亚州的北好莱坞。我父亲的 7 个姐姐和 2 个弟弟都住在那里，他们都希望我们能搬过去，这样全家人就能在一起了。所以我们决定搬家，还是乘坐一架 DC-3 小型飞机过去的。有人说这架飞机在一部克拉克·盖博（Clark Gable）和卡罗尔·隆巴德（Carole Lombard）主演的电影里出现过。这一趟旅程非常昂贵。

从拉瓜迪亚机场到伯班克要花 24 小时，停三四站，但这一切对我们这些孩子来说很令人兴奋。可惜，1948 年好莱坞发生了大萧条。电影行业担心会被电视取而代之，很多防务公司也失去了政府合同。我们到了那里后，父亲却找不到工作，我们比在纽约时更穷了，不过身边的环境很美。

在北好莱坞的生活很艰难，但同时又是如此美丽。我之前在布朗克斯，那里到处都是混凝土、钢铁和沥青。我总会在讲课的时候展示布朗克斯的照片。不仅仅是运动场周围的房子很单调，连运动场上也只有沥青。周末的时候，你必须爬过栅栏才能到里面玩，因为运动场周末不开放。想象一下，那里没有绿色，没有草，没有花，也没有树。我每年至少要去一次圣玛丽公园，这需要步行 7 个街区，但在整个南布朗克斯我只知道在那里有一棵桦树，当我们做类似印第安村庄这种项目时就需要用到它。当时我去切了一小块桦树皮，做了一艘小独木舟，这么多年了，我还留着它。而北好莱坞截然不同，到处都是花草树木。但是这样一个宛若天堂的地方却变成了我的噩梦。

医院之神降临吧

这个故事要从我 5 岁时说起。我一直是个很受欢迎的孩子，在这方面专门下过不少功夫。我总是学生会的主席、副主席，体育队的队长、副队长。这是由于我童年时期的经历。5 岁半的时候，我得了双侧肺炎和百日咳。百日咳是一种接触性传染病。那是 1938 年 11 月，当时的贫民区有很多传染病。人们住得很近，生活在疾病多发的环境里，就像空气中有毒一样，一切都可能对人造成损害。世界上任何一个贫民区都是如此。染上肺炎时，我才 5 岁半。在曼哈顿的东河大道上有一所叫威拉德·帕克医院（Willard Parker Hospital）的传染病儿童医院。那里的孩子都来自纽约，从两岁到十几岁的都有，州政府要求他们必须住在这种医院里，直至康复。

我在那里待了 6 个月，从 1938 年 11 月到 1939 年 4 月的复活节。药物匮乏是很大的问题。青霉素和磺胺类药物都还不存在。[①] 所有这些患有白喉、猩红热、小儿麻痹症等种种病症的孩子，都是无法治疗的，只能躺在床上。当时甚至也没有锻炼的概念，所以孩子们只能躺在床上伸展一下身体。事实上，这样只会导致情况恶化，肌肉萎缩。孩子们都濒临死亡。我还记得那时的景象，长长的房间里，目之所及只有一张张并排摆放着的床。

医生有时会过来看看，拿起我的病例，问一句："你感觉如何？"我经常说："唉，糟透了。"然后他们就在病例上打个钩。护士也会过来，但仅仅是来量体温而已。

早上醒来后，我问护士："比利去哪儿了？"

护士回答："哦，他回家了。"

"他为什么没跟我道别呢？"

"嗯，他赶时间。"

第二天，玛丽的床上也变得空荡荡的了。这时，我忽然意识到，这一切都是护士的掩饰。事实上，每天都有孩子死去。护士不可以说孩子死

① 青霉素是 1928 年发现的，但直到 1942 年才广泛用于治疗感染。磺胺类药物的实验始于 1932 年。

了，所以只能说他们回家去了。糟糕的是，我们这些孩子也不得不参与这场戏。我们都想回家，但并不想以那样的方式。更糟糕的是我们没有收音机，没有电视，收不到父母的来信，更没有任何电话打来，不过穷人家里反正也没有电话。只有每周日才有一小时的探视时间，而对于一个孩子来说，整整一周的等待漫长得无法想象。周日那天，我父母带着家里的其他孩子来看我，我们之间隔着一堵巨大的玻璃墙。护士会把我的床推到墙边，让我用电话和他们交谈。当然，每个人在这个时候都泪流不止。

我哭是因为想要和他们在一起，而他们哭可能是因为我看起来真的很糟糕。当时，我脸色十分苍白，而且双侧肺炎与百日咳也让进食变得尤为困难。这两种疾病结合在一起，会让人难以吞咽，也难以呼吸，所以无论吃什么都很难受。我日渐消瘦，这让他们一直哭个不停。医院只能同时接待 4 组访客，当第 5 组人进来的时候，护士就会把我的床移开。我想标准的探视时长应该是两个小时，但实际上从来没有超过一个小时。后来，母亲在冬天又怀上了我的妹妹薇拉（Vera）。我有两个弟弟唐纳德（Donald）和乔治（George），年龄依次相差一岁半。乔治患有无传染性的小儿麻痹症，所以他的一条腿上戴着支架。

那时候纽约的冬天非常冷，经常下雪。从我们在布朗克斯的家里到火车站要走 6 个街区；到达后，大概要坐半个小时的火车；下车后，再到医院所在的东河路还要走五六个街区。一旦下雪，我母亲就不能来了，显然我们家是没有车的。他们也没办法提前打电话通知我说不来了，于是我等了整整一个星期，却一个人都没等来。这种情况令我极其沮丧。

作为一个孩子，我只能学着像大人一样应对这一切。事实就是这样。我发现，我不能依靠医生，不能依靠父母，不能依靠任何人，只能依靠自己和上帝。我变得非常虔诚，每天早上都会祈祷：“上帝，请您保佑我。

我很煎熬。我想活下去，我想变得健康、强壮、勇敢、聪明。我需要您的帮助。”我还会说“我出院后会做个好孩子”“请您让我尽快好起来吧”之类的话，在白天的时候也会做几次祷告。

我的家人并不信教。我父母从来不去教堂，但他们会鼓励我带弟弟们去。我相信上帝不会杀小孩，但是，每天早上都会有孩子死去，所以每当夜幕降临之时，我就以为是魔鬼来抓孩子了。这时候，怎么做才好呢？每到晚上，我就会向魔鬼祈祷，求它不要选我。我现在还是感到很愧疚，因为每次我都会说：“看，这儿还有这么多孩子呢！虽然他们都是好孩子，但是如果您非要带走一个的话，请不要选我。”接着，我就会把自己蒙在被子底下，然后再睡觉。很久以后我才意识到，我那时其实是在练习自我催眠，因为我每次都能一觉睡到大天亮，也不会做梦。

后来，我完善了这种自我催眠。在纽约大学任教时，我真的在曼哈顿的莫顿·普林斯催眠诊所（Morton Prince Clinic of Hypnotherapy）接受了培训，也用催眠做了很多研究。我在斯坦福大学任教的时候，开了一门关于催眠的大课。我会在课上做很多示范，教授如何积极使用催眠的能力。

领导者和追随者法则

在医院的经历让我变得非常独立。出院后，我又回到了以前住的社区，那里总有孩子在街头拉帮结派。那时的我骨瘦如柴、体弱多病。能够回家，我真的非常高兴。但我走在街上，那些孩子就开始对我大喊大叫、骂我，还追着我跑。当时我不明白他们在喊些什么，但他们说的其实是：“肮脏的犹太混蛋！”我只能不停地跑，比欺负我的人跑得更快。

我最终成了一名优秀的跑者。在高中和布鲁克林学院就读期间，我还当上了田径队队长。我们的接力队打破了当时布鲁克林学院的纪录，我在其中跑最后一棒。

被邻居孩子追打的情况一直持续到了我大概 7 岁的时候，有一次，我母亲让门卫的儿子在星期天带我去教堂。他是一个名叫查理·格拉斯福德（Charlie Glassford）的非裔美国男孩，就算过了这么多年，我仍然记得他的名字。查理对我母亲说："我不能带你儿子去教堂，他是犹太人啊！"

我母亲说："不是的，我们是天主教徒。"

他说："哦，我的天哪！我们一直以为他是犹太人，还一直在打他呢。"

因为我很瘦，还长了一双蓝色的眼睛和一个大鼻子，看上去很像犹太人。社区里的孩子都来自不同的种族，而我恰恰符合孩子们心中犹太人的形象。这就构成了可怕的偏见。这些孩子大都在 7 ～ 10 岁的年纪，也和我一样住在 51 街东侧的那条街上。

母亲说我是天主教徒。然后查理说："好吧，真的抱歉啊！"

后来，这群孩子说："行，让他入伙吧。"他们有一个入伙仪式。首先，我得和在我之前入伙的那个孩子打一架，一直打到其中一人鼻青脸肿或举手投降为止。打完架之后，我得去偷东西，他们要求我翻窗，去偷便利店里的杂货或者水果店里的水果。偷完东西，我还得爬树，他们把我的运动鞋丢到了树上，让我爬上去把鞋拿下来。最后，我还得去偷窥女士内衣店。他们让我走到一栋大楼下面有个栏杆的地方，在那里抬头就能看进楼上的店里。我得告诉他们我偷窥到了女人的臀部。

当然，我实际上啥都没看见，上面一片漆黑。这就是孩子们弄的一个简单的仪式，远远比不上那些黑帮的所作所为。我入伙了，但我还是那么瘦弱。孩子们当时主要就是在街上玩棍子球。这个游戏只需要一把扫帚和一个橡胶球，不需要手套之类的其他东西。长大点后，我们改打垒球，但垒球就没法在街上打了。另一个可以随便在街上玩的原因是当时没人有车。在那时，孩子们真的是生活和居住在大街上，只要不是上学时间，总能在街上看见孩子们的身影。当然，这种情况现在已经不存在了。

那时，只要一放学，我就会赶紧跑去写作业，然后下楼玩。当时有“弹珠赛季”，每个人在那段时间都会玩弹珠；有“跳房子赛季”；还有“踏板车赛季”，孩子们会把冰鞋放在纸箱或者木制水果箱的下面，做成一辆小型踏板车，特别有创意。我们还会一起玩很多游戏，比如捉迷藏之类的。那真的是个很让人兴奋的地方。吃完晚饭后，根据各家的不同安排，孩子们可能还可以出门玩一两个小时。每到该回去的时候，家长们就会站在窗口叫孩子回家吃饭或睡觉。他们其实很乐意让孩子们露宿街头，因为当时几乎所有的家庭里人都很多，少则三个人，多则六七个人，公寓对于这样的大家庭来说太小了。

我渐渐意识到，世界是由领导者和追随者两类人组成的。经过思考，我发现做一个追随者毫无意义。因为有的时候，就算领导者愚蠢至极，也还是可以强迫你服从他的命令。真正有意义的事情是成为一个做好事的领导者。

于是，从 8 岁左右，我就开始试着去理解为什么有些孩子能被选为领导者，或主动成为领导者，为什么他们会享有权力。有的时候，大家会说“好吧，让约翰尼来吧”；有的时候，某个人会说“我觉得咱们应该这样做”，然后结果证明他提出的建议非常好。我发现，所有领导者都具备一系列非常简单的特征。他们一般都是第一个站出来说话的人，会有解决问题的办法，也几乎都会有一个高大、强壮的人站在背后，这样他们就不需要面对任何叛乱、反抗或肢体上的冲突了。如果他们知道如何开玩笑的话，那就更好了。我注意到了这些特征，于是开始有意模仿，直到我也具备了这些特征，渐渐地习惯成自然了。

对男人来说，个头也非常重要。在大多数文化中，个子高的人都比身材一般的人或矮个子更受男性尊重，我想即使美国总统也不例外。所以我充分利用了自己的这个优势。就像我说的，后来我在学校里成了孩子们的头儿。我还开始系统地练习田径，对着墙击球，让我的弟弟们接球，并通过练习跑步来增强耐力。我从一个很虚弱的什么都做不了的孩子，变成了一个很强壮的孩子。

我 12 岁的时候，每个周末都和朋友多米尼克[①]（Dominic）去乡村远足，并在荒野中过夜。那片荒野就是新泽西。走过乔治・华盛顿大桥，然后向右转，就会看到蒂内克、特纳夫莱和克莱斯基尔。那是三个城镇。很明显，现在那里已经到处都是人工建筑了，但当时全是树林。事实上，那里还有溪流和涌出地面的清泉。我们每个周末都去，周五晚上出发，周日晚上回来。我们会带上睡袋，还会搭一个小帐篷。这意味着我每次都得背一个大包，这让我锻炼得更有力气了。母亲玛格丽特也会让我锻炼。那时我们住在圣约翰大街 920 号一栋公寓的五楼，她会在背包里装满罐头，让我背着来回爬楼梯，锻炼我的肌肉。

过去的背包没有像现在这样的背包架，就只是一个大口袋而已。但我依然背着它锻炼，让身体变得健康、强壮。现在我已经有了一种领袖特征，也就是强壮的身体。还差什么呢？哦，另一件事是我从来都不喜欢男

① 因津巴多与这位童年好友关系非常亲近，这里仅提及了他的名字。——编者注

生，我一直都很喜欢女孩子。姑娘们美丽、温文尔雅又体贴。我会从男生那里偷偷溜走，然后和一群女生去滑旱冰。这些女孩是我们班的，她们总是一起滑冰，我也会加入。从这个意义上说，我拥有双重性别。我试着去理解女孩看重的东西是什么，她们是如何彼此相处的。这种方式和男孩截然不同。女孩很少有肢体上的对峙，她们总是用语言解决冲突。我把这项能力也加入了自己的技能库之中，这就说来话长了。

从人见人怕到人见人爱

现在故事终于进展到了北好莱坞高中（North Hollywood High School）。我自信满满、精神焕发地入学。当时我 14 岁，充满活力。北好莱坞高中是我见过的最美丽的地方。高年级的学生有自己的停车场，人手一辆福特 T 型车。这种车就好像电影《油脂》（*Grease*）中展现的那样，拥有铬合金引擎和发动机舱盖。所有女生看起来都很漂亮。她们的打扮完全不像布朗克斯的那些女孩。

我在上课前就到了。那里有一个礼堂，老师都不在。学生们说："好了，我们准备表演《天皇》（*Mikado*）。这是一部学生作品，希望大家都能来踊跃参加，角色如下……"我说："哦，天哪！我太开心了！还有什么能比这更美好呢？"我也喜欢表演，参加过很多戏剧演出。我的记忆力很好，能记住所有台词。我说："天哪，我一定要试试看！"然后我就去上课了，我笑着在自己的座位上坐下，结果我旁边的同学纷纷站起来换到其他座位去了。我也不知道是怎么回事。我又去了食堂，说了声"你们好"，然后周围一整桌的人都走开了。这种情况每天都在发生。

大家都躲着我，让我莫名其妙。我一直告诉自己，这不可能是针对我的，我是个好人呀。然而这件事真的每天都在发生，我对此束手无策。我不能把这件事告诉父母，因为自己觉得很窘迫，而且我也想不出他们能帮上什么忙。我慢慢患上了心身哮喘。那时哮喘还没有被视为心身疾病。①我家没钱看病，于是我只能整夜咳嗽，几乎无法呼吸，经常不得不缺课。我讨厌这样，因为我喜欢学校，但很明显，我的病是心因性的。学校对我来说曾经是天堂，现在却变成了一个有毒的地方。我的哮喘成了全家人不得不回到布朗克斯的理由。我父亲已经没有活儿干了，只能做一些很卑贱的工作，所以我的病刚好是个借口。

6 月，一家人离开了。我们有一辆 1939 年的雪佛兰小汽车，一家 6 口挤在一起，开车横跨美国。我们沿着 66 号公路从洛杉矶开到了芝加哥。我把每天走了多少公里，花了多少钱买汽油、住宿、吃饭等全都记了下来，这些记录我直到现在还保留着。我刚刚拿到了驾照，因为 16 岁就可以开车了。这是我在北好莱坞遇到的唯一一件好事。父亲让我在每个州开半个小时的车，这就是我的成人礼。然而当我们回到布朗克斯以后，却并没有留在那儿，因为已经没有地方住了。

我们前往费城，和我的教母杰玛姑姑住在了一起。她丈夫是个意大利老头儿，一个砖瓦匠。他说:“在我家，想吃饭就得工作。”他让我们干活，实际上就是搬砖。我们都成了搬砖工，这个工作真的很可怕。后来，我父亲不得不前往纽约找工作。这时，我做了一件让自己深感内疚的事，我说：“爸爸需要陪伴，他一个人去纽约太可怜了。”我说服母亲、兄弟姐妹和姑姑，我应该和父亲一起去。他找工作期间，我们在汽车旅馆租了一间房，但工作很难找。

---

① 虽然压力仍被认为是引发哮喘的一个可能因素，但人们更普遍地认为哮喘是由过敏反应、遗传背景等诸多生理因素引起的。哮喘是一种心身疾病的观点尚存争议。

时值 1948 年，我重回布朗克斯，和老朋友重聚，我的哮喘也痊愈了。所谓心身疾病就是这样。我从北好莱坞树木繁茂的清新空气中回到肮脏的老布朗克斯，突然间我的心灵却被治愈了。那是在夏天，9 月的时候，我回到了布朗克斯的詹姆斯·门罗高中。那时是高三的开始，也就是 9 月、10 月份。我在那里待了两个月，当选为“高年级里最受欢迎的男生”和高年级的学生会副主席。班里有个犹太孩子，是那种会在年鉴里的照片旁边写下很多话的人。他给我写的是：“菲尔[①]副主席高又瘦，蓝眼睛征服女孩心。”我对此记忆犹新。我说：“斯坦利，你写得很棒，太感谢了！”

这个男孩就是斯坦利·米尔格拉姆，和我同班。我们在高年级荣誉班。我说：“斯坦利，你知道吗，最奇怪的是，我刚刚竟然被选为最受欢迎的男生。而在几个月前，我还是全校最不受欢迎的男生呢。”我讲述了那个自己被孤立的故事，说起了我不管怎么做都无力改变任何事情，最后只能离开。那些人为什么要孤立我呢？

我决定不去问了。我加入了棒球队，成了一名中外野手。有一次，我和队友们坐大巴去参加比赛。我想我们去的应该是范·纳斯高中（Van Nuys High School）。北好莱坞在圣费尔南多谷，那所高中就在北好莱坞附近。我问了左外野手一个问题。有时球落在我们之间，我们就必须有所交流，但我现在已经记不清他的名字了。我说：“你能帮我个忙吗？”然后我描述了当时的情况。

“我不明白为什么同学们都不喜欢我。”

他说：“我们不是不喜欢你，是怕你。”

---

① 津巴多教授的名字菲利普的昵称，可见这个犹太孩子与他非常亲密。——编者注

“什么？”我当时身高有一米八，但特别瘦，最多也就 68 千克。虽然精瘦，但我能打出长球。我接着问：“怕我是什么意思？”

他说：“呃，你是个来自纽约的西西里人。我们以为你来自一个黑手党家庭，可能是个危险人物。”

我大惊：“哦，天哪！”这又是偏见。一开始，我因为被当成犹太人而挨打，现在又因为被认为是西西里黑手党而遭受排挤。我赶紧解释：“不，我和黑手党可没啥关系。”

他说：“好吧，但是已经太晚，没办法挽回了。”

我说：“好吧，管他呢。”

高中好哥们米尔格拉姆

回到纽约的门罗高中。米尔格拉姆说，问题在于：是我从一个不受欢迎的人变成了一个受欢迎的人呢，还是环境改变了呢？我们都认为是环境发生了变化。这很奇怪，因为我们的对话发生在 1948 年。后来在 20 世纪 60 年代早期，米尔格拉姆做了第一个证明情境的力量胜过个体倾向的研究。几年后，我也得出了相同的结论。在米尔格拉姆的实验中，是某个权威命令人们去做错事；而在我的实验中，人们所扮演的角色会鼓励他们以一种专横、暴虐的方式使用权力。这一切都始于高中时期我和米尔格拉姆坐在一起，试图弄明白为什么我在北好莱坞高中受到冷遇。我们都认为这是环境的因素，而不是个人性格的原因。

It doesn't make sense
to be a follower,
it makes sense to be
a leader and then
end up doing good thing.

Dr. Z

AN ORAL HISTORY

PHILIP ZIMBARDO

做一个追随者
毫无意义，
真正有意义的事情
是成为一个
做好事的领导者。

我们都是情境主义者。用米尔格拉姆的话说就是：在陷入某种情境之前，你又怎么能知道自己会怎么做呢？1948年，他还是个高中生，战争刚刚结束没几年，他担心的依旧是：他和家人会不会被投入集中营？每个人都说："斯坦利，别傻了。他们是纳粹，我们是美国人。我们不是那种人。"我还记得他的回答："在陷入某种情境之前，你又怎么能知道自己会怎么做呢？"我敢打赌，在纳粹组织希特勒青年团之前，德国人也说过和我们类似的话。我们总是倾向于认为自己是好人，低估了环境是如何驱使我们做坏事和好事的。我十分赞同这一点。

这就是两个情境主义者最初的温床。我还想补充一句，当米尔格拉姆的研究[①]刚刚起步时，他并没有得到赏识，反而受到了很多关于伦理方面的批评。他一直想成为一名电影制片人。他拍了几部非常好的电影，并亲手制作了一部名为《服从》(*Obedience*)的纪录片，展示了人们如何反抗权威直至最后屈服。你可以在电影中看到人们的焦虑，看到他们的犹疑与担忧。在心理学的历史上，这是人们第一次看到被试进入实验情境之后受到的负面影响。之前也有一些视频，比如库尔特·勒温(Kurt Lewin)的研究，但并没有负面到这种程度。米尔格拉姆的实验揭示了人性之恶[②]。

---

① 指米尔格拉姆著名的关于服从权威的研究。被试会被告知这是一项有关记忆和学习的研究，并被要求扮演"老师"的角色，对不能找出正确单词的"学生"进行电击。随着作为实验者同谋的"学生"一次次回答错误，"老师"实施的电击强度也会增加。在实验过程中，"学生"和"老师"会被隔开，彼此看不见对方；接着，预先录制好的不同程度的呻吟声将会随着电击强度的增加依次播放。米尔格兰姆的研究表明，尽管显然承受着巨大的压力，人们仍会服从权威去做违背自己价值观的事情。

② 米尔格拉姆的传记《好人为什么会作恶》对这一20世纪经典心理学实验做了详解，同时全面记述了米尔格拉姆的一生。该书中文简体字版已由湛庐文化引进、浙江人民出版社出版。——编者注

后来，我在 1971 年 8 月 15 日至 20 日做了斯坦福监狱实验，并在美国心理协会的演讲中提到，从某种程度上来讲，这个实验是米尔格拉姆研究的后续，但我们关注的不是个别情境的力量，而是制度和角色的力量，这个研究是关于角色扮演的。米尔格拉姆也在台下，从那以后我们一直保持联系，当时主要是通过电话交流。我参与了他的一些研究的评审。他英年早逝，令人惋惜。1984 年，他死于心脏病发作，享年 51 岁，很遗憾。当时他正在做一些极富创造性的研究。

另一个巧合发生在 2015 年。当时有一部关于斯坦利 · 米尔格拉姆生活与研究的电影《实验者》（*Experimenter*）上映了，恰好在同一时间，也是在圣丹斯国际电影节（Sundance Film Festival）上，关于我的监狱研究的电影《斯坦福监狱实验》也首映了。

在他完成研究 50 年后、我完成研究 44 年后，两个高中同学的两项研究都出现在了电影当中。《实验者》讲述了很多有关米尔格拉姆的生活、妻子和孩子们的故事，薇诺娜·赖德（Wynona Ryder）在其中饰演他的妻子。这部电影从更深的层次展现了他的个人背景。电影中有一段关于服从权威研究的精彩剧情，但我觉得这部分在电影中占的时间太长了。他还做了其他一些小研究，比如丢信方法与六度分离理论。但是，当普通观众看过了关于服从权威实验的刺激情节后，就不会觉得这些小研究有什么意思了。在关于这些小研究的部分中演员的表演很出色，但电影的这一部分不够有吸引力。

最后，作为一个小补充，当我在圣丹斯国际电影节上看到这部电影的时候，也和导演见了面。实际上他好像身兼数职，既是编剧也是导演。我问了他一件我觉得非常奇怪的事情。在电影中两次出现了奇怪的东西。第一次是米尔格拉姆离开实验室，穿过一条走廊，对着镜头讲述他关于服从实验的想法，希望实验能产生很大的影响，因为这个实验揭示了人性的黑暗面。这时，一头大象从他的身后走过。那是一头巨大的非洲象，足足有 3 米多高的那种。

第二次，在后来一个更加奇怪的场景里，米尔格兰姆走出实验室，说道："1984 年。这一年发生了两件事。首先，很明显，乔治·奥威尔（George Orwell）把这一年设为他经典小说的时间背景，这部小说对我来说非常有启发性。其次，我在这一年死去了。"他继续说着话，身后经过了同一头大象。我觉得这一幕毁了整部电影。我问导演："为什么要这么拍？"他的回答是人们都喜欢大象。我很想说"这是我从一个导演那里听到过的最愚蠢的回答"，但我忍住了。

我还想再说一个关于米尔格拉姆的故事。十几年前，在纽约，似乎是在东部心理协会（Eastern Psychological Association）的会议上，我组织了一次研讨会，主题是著名的社会心理学家和他们的得意门生。

库尔特·勒温、卡尔·霍夫兰（Carl Hovland）、斯坦利·米尔格拉姆、哈罗德·凯利（Harold Kelley），都是已故的著名社会心理学家，我邀请到了他们的学生来谈论他们的生活和贡献。现场观众很多，可能有几百人。有趣的是，约翰·萨比尼（John Sabini）说，与埃利奥特·阿伦森（Elliot Aronson）和利昂·费斯廷格（Leon Festinger）相比，米尔格拉姆从来就没有过多少学生。为什么呢？原因还不太清楚。有可能是因为他不经常提及学生的功劳，比如在服从实验中，他用 16 ～ 19 个不同的实验变量测试了 1 000 人，但没有一个人被提及。米尔格拉姆没有亲自管理被试，也没有亲自进行那些测试。他邀请了一个高中生物老师来做这些事，但此人也仅仅在脚注中被提了一句。作为一名研究生，你必须发表文章，那是在学术界取得成功的唯一途径。可能大家都听说了米尔格拉姆不愿与人分享聚光灯的光芒。

萨比尼一直在说和米尔格拉姆一起工作是多么美妙的事情，在他讲完之后的提问时间，很多人都举手了。学生们一个接一个地说：“你在胡说什么呀，他是世上最刻薄的老师！”“我讨厌上他的课，讨厌和他一起工作！”当时有三四个学生这样骂了他，然后，又有另一些学生举手说：“你们怎么能这么说？他是最善良、最体贴的人，他的去世让我心碎！”这时我突然插嘴说：“等一下，这不可能啊！你们是什么时候和他一起工作的？你们又是什么时候和他一起工作的？”学生们回答说，分别是米尔格拉姆第一次心脏病发作之前和之后。

很明显，他变了。在心脏病发作之前，他是个“刻薄的老师”；心脏病发作后，他成了一个可爱的人。我没什么证据，但事实如此。我也和他一起工作过。我不知道他的第一次心脏病发作具体是在什么时候，大概是 20 世纪 70 年代末或 80 年代初。他是非常典型的 A 型人格，很喜欢评价别人，专横跋扈，喜欢占据主导地位。从本质上来说，他是一个有远见的人，无论如何都会获得成功。但现实是他得到的支持很少。他在耶鲁大学做了一项非常了不起的研究，却没有获得终身教职。他那时只是一个新入职的助理教授，得到了很多赞誉，却没有获得终身教职。

后来，米尔格拉姆去了哈佛大学。当时哈佛大学的教员们分成了两派。在这些著名的心理学家中，以戈登·奥尔波特（Gordon Allport）为代表的一半人支持他，另一半人则反对他。他在哈佛也没有获得终身教职。耶鲁和哈佛是他梦寐以求的两个地方，对当时的心理学家来说，学术界的精英都在耶鲁和哈佛。他最终来到了纽约城市大学，这是一所刚刚起步的学校，相对于耶鲁和哈佛来说，这是巨大的退步。作为一个纽约人，他回到了家乡。他充分利用了这一点，开始研究城市压力。在他之前，城市压力根本不算是一个研究主题。

老专家们与他在学术上对峙，不愿意批准他的终身教职，都仅仅是因为伦理问题而已。他们认为大学里不应该发生这种伤害人的事情。反对他的一方以赫伯特·凯尔曼（Herbert C. Kelman）为代表。凯尔曼当时是哈佛大学教授，正在写一本书《服从的罪行》（*Crimes of Obedience*），基本上关注的是服从的消极一面。用凯尔曼的话说，米尔格拉姆讨论的是：为什么人们会服从一个下达了违背道德良知的命令的权威者？这是一个很基本的问题，也是出于米尔格拉姆对纳粹国家的兴趣。但这些都被忽略了。人们只是说，这个研究违反了伦理，伤害了他人。

糟糕的是，在 20 世纪 60 年代的那些日子里，没有人会对被试做事后解说。在米尔格拉姆的研究中，实验时长取决于被试是否一直坚持电击，一次实验可能会持续 45 ～ 55 分钟，于是留给事后解说的时间就所剩无几了。在他的研究中，那个遭到"老师"电击的所谓的"学生"，其实是米尔格拉姆的实验者同谋。实验结束后，无论"老师"是否一步步地将电击强度增加到了 450 伏，实验者和同谋者都会出来解释说："嘿，你并没有真的电击他，他是我们的人，我们其实是在研究服从权威的问题。"

因此在某种程度上，被试的罪恶感减轻了，因为他实际上并没有对这个人造成身体上的伤害。然而另一方面，心理上的罪恶感依然存在，因为他的所作所为的确有可能严重地伤害到某个人。令我担心的是，以后不会再有人进行这类研究了。后来，我为米尔格拉姆关于服从权威的新书作序，还在《耶鲁评论》（*Yale Review*）上发表了一篇文章，讲的都是理解人类天性的重要性。

在米尔格拉姆做实验时，还没有知情同意这种概念，也没有人类被试研究委员会（Human Subjects Research Committee）。事实上在我看来，有一个最违反伦理的研究却从来没有被人贴上这样的标签。那是土耳其心理学家穆扎费尔·谢里夫（Muzafer Sherif）所做的研究，他把穷孩子送到乡下的免费夏令营，家长并不知道自己的孩子参加的其实是一个实验性质的夏令营。在营地里，实验者故意把孩子们分成两个相互对抗的小组，一组叫老鹰队，一组叫响尾蛇队，并在两队之间挑起冲突。

孩子们变得野性十足。这个研究的理念就是制造冲突，然后看看他们如何解决。基本情况是这样的：宿营地水源短缺，孩子们需要凝聚成一支队伍，齐心协作。人们在提到这个研究的时候，总是说它展现了孩子们如何解决组间冲突。但实际上，从实验伦理的角度看，这是在让孩子们彼此仇恨，而且是在一个不可控的环境里。孩子晚上到处乱跑，而辅导员只有寥寥几位。实验过程到底有多糟糕，我们并不清楚，也不知道孩子们是否曾经彼此斗殴。显然，他们曾经相互咒骂。还有一点也很明确，如果阅读原始资料，你会发现一些孩子直到最后还在说“我讨厌响尾蛇队”或者“我讨厌老鹰队”。

我认为，这才是有史以来最违反伦理的研究。这样做是不道德的。家长被欺骗了，毫不知情；孩子们也被欺骗了，并不知道自己在做什么样的事情。实际上，孩子们深受其害。但奇怪的是，这个研究反倒被认为展示了人们如何解决冲突而非制造冲突，成了心理学史上最重要的研究之一。

1971 年，当我决定进行监狱研究的时候，在斯坦福的确有一个人类被试研究委员会。我并不知道它是什么时候成立的，估计应该刚刚成立不久。我被要求填写一份标准表格，描述我们想要做些什么。我还承诺了一些条款，比如：必须提供最低限度的充足饮食；将被试收监必须经过本人同意；实验中会给被试造成一些压力；被试费为每天 15 美元；研究预计为期两周；还有“如果在任意时间有任何人表示希望退出实验”，我就必须将其释放。

实际上，委员会里真的有人过来，查看了我们在斯坦福的那间地下室。研究是在乔丹楼的地下室进行的，这座楼位于斯坦福主校区的棕榈大道尽头。委员会的人只提醒了一件事：这里只有一个出入口。因为我们把走廊的一端封锁了，在那里架设了摄像机，只在另一端有一扇门。这里没有窗户，当然也没有灯。他们提醒说，必须准备好消防器材，以防失火。这里的确对火灾毫无准备。这是他们最关注的一件事；还有就是我必须把研究计划通知学生健康中心，让他们随时待命，这一点我已经做到了；再就是我必须保证被试的一日三餐。

我对他们说：“除此之外，我们还会让家长过来探访几次，定期召开假释委员会听证会，并邀请一位监狱牧师[①]过来。”这是一个由孩子扮演警察和小偷的实验，每个人都心知肚明，因为被试必须签字认可“我已被告知这是一个怎样的研究”。我们说“囚犯”和“狱警”将会随机分配，被试则说：“我会尽力完成自己的角色，无论研究持续一周还是两周。”如果我没记错的话，知情同意书上并没有写明，在任何情况下，如果他们感觉受不了或者强度太大了，只要说一声“我要退出实验”就可以被释放。

每个学生都填了表。人类被试研究委员会让我们准备消防器材，结果很讽刺，这些器材被“狱警”拿来对付“囚犯”了。那里面可是令人直起鸡皮疙瘩的液态二氧化碳，喷射出的高压气体令对手胆寒。原本作为安全保障的东西，最终却被用于攻击。

① 一种向囚犯提供咨询和帮助的职业，你将在第 3 章中看到这一角色发挥的具体作用。——编者注

在百老汇打工

我和米尔格拉姆高中毕业了。我父亲小学就辍学了，他没怎么上过学，也从来不喜欢学校。在西西里岛，学校的确不怎么讨人喜欢。之后会讲到，我后来在那里成立了一个基金会，每年向高中学生提供进入地方大学学习的奖学金。这件事我已经做了 10 年。很多人说这纯属浪费时间，在那里，关键并不在于你掌握了多少知识，而在于你认识什么人。接受教育根本没有用，因为黑手党很腐败，有关系的人总能找到好工作，否则你无论怎样都没戏。但这正是我要努力对抗的东西。

父亲说："现在你毕业了，该去工作了。"

我说："不，爸爸，这不合理。你看，如果我再拿一个学位，就能挣到更多的钱。"

父亲并不理解这件事的意义。他当时正在做生意，所以说："也好，那你就能当个会计了。要知道，这些人穿得很漂亮。他们只要负责填好一些表格，然后就能下班了，不需要辛苦劳动。这很适合你。"事实上，他真的鼓励我去一所会计学校，于是我去参加了一次面试，被录取了。

我讨厌当会计，去面试只是为了让父亲高兴。我过去之后，发现那所学校不讲授科学，也没有语言学课程，任何我真正喜欢的东西都没有。我下定决心，自己不能去那儿。此时申请时间已经所剩无几，我家也没有钱，显然不能去一所需要自己承担学费的大学。幸运的是，那时的纽约有着最棒的教育计划。纽约有 5 个区，每个区都有自己的城市学院，学费全免。要想进入这种学院，只需要在纽约的高中里拿到 B 以上的平均成绩就行了。在曼哈顿的是纽约城市学院，在布鲁克林的是布鲁克林学院和皇后学院。亨特学院也在曼哈顿，不过那是一所女校。

每个区都有一所学院，简直太棒了！那里有优秀的老师、出色的教育家，无私奉献，孜孜以求。我说服父亲，我要去布鲁克林学院，因为那里是免费的，而毕业之后，我就可以多挣到很多钱。父亲说："好吧。虽然不情愿，我还是随你去做吧。"但是对我的两个弟弟和一个妹妹，他说："如果你们考得上，就让你们去。"结果他们都没考上。这真的很让人难过。他们后来都去工作了。尤其可惜的是，我的弟弟乔治学习很好。他上了一所职业技术高中，后来和我父亲一样，在公司里给人做接线、调试电子设备的工作。

然后父亲又说："你现在可以不给家里挣钱，但也不能花家里的钱。你得自力更生。"

我问："这是什么意思？"

他说："你得找份工作。"

我当时住在布朗克斯，从我家到布鲁克林学院要一个半小时，也就是往返要三个小时，花在路上的时间简直无穷无尽。我和好友吉恩·沃尔科夫（Gene Wolkoff）一起找了份工作，他比我大一岁。他说："嘿，我找到一份很不错的工作，你可以跟我们一起干。"这份工作就是所谓的"摆摊男孩"（concession boy）。曼哈顿的每一家百老汇剧院里都有一个特许经营的摊位，观众一进入剧院，就会有人迎上来问："您需要寄存礼帽和大衣吗？您需要节目单吗？"在这里可以买到橙汁、可乐、糖果和巧克力，如果当天演出的是音乐剧，还可以买到唱片和乐谱。

我得到了这份工作。干这个的大多是大学生。对大学生来说，这份工作很不错，但也很辛苦。你要早早到岗，穿上制服，把糖果、橙汁还有各种东西全都码放整齐，然后在第一幕和第二幕之间会有大概半个小时可以做自己的事，再接下来又是工作时间，然后在第二幕和终幕之间又有 30 分钟的自由时间。我们非常努力地工作，还互相激励。一些更年长的孩子显然已经是大学高年级的学生了，他们会负责“罩”着我们。我们问自己：“在这半个小时的自由时间里打算做什么呢？”

剧院周日和周一不开放，因此我们在周二到周六工作，其中周三和周六既有日场也有夜场。我设法排出了自己的时间表，在上课期间少干一点，在暑假里则多干一点。我要去学校上课，但周三有空。这基本上就意味着我每周三有 12 个小时待在剧院里，每周六也有 12 个小时。薪水是每场 3 美元，简直微不足道。也就是说，你忙了一整天，只挣到 6 美元，还得自备午饭和晚饭。但这可是娱乐行业，从这个意义上讲，这份工作却可以说是棒极了。

我们在百老汇西 44 号大街的圣詹姆斯剧院（St. James Theatre）工作。圣詹姆斯剧院有着连续很多年场场演出获得成功的纪录，在过去的五六十年里，这里进行了数百场演出，每一场都大获成功。我在那里工作的时候，正在上演的是《失魂记》（*Damn Yankees*）和《国王与我》（*The King and I*），还有一整套威廉·S. 吉尔伯特（William S. Gilbert）和亚瑟·苏利文（Arthur Sullivan）的节目，以及罗杰斯（Rodgers）和汉默斯坦（Hammerstein）的所有节目[①]。还记得波利斯·卡洛夫（Boris Karloff）

① 这四个人构成了两个天才合作组：英国戏剧家、作家吉尔伯特与作曲家苏利文共同创作了 14 部著名喜剧，著名音乐剧作曲家、制作人罗杰斯和音乐人汉默斯坦则是百老汇音乐剧历史上最有名的黄金搭档，《音乐之声》就是两人联手打造的。——编者注

演的那部关于海盗的剧吗？总之，节目很丰富。我们可以免费在剧院里看演出。事实上，我们还和街对面另外一家剧院的孩子商量好了时间，互相替班，这样就能看到其他剧院的剧目。当时街对面那家剧院在同一时间正在上演《南太平洋》（*South Pacific*）。就这样，来自布朗克斯的小男孩第一次看到了百老汇戏剧。这份工作我做了三年，直到大四才不干了，因为我知道自己必须努力学习，拿到优异的成绩，在学术能力评估测试（SAT）里取得高分。

我们都很喜欢这份工作。埋头苦干的同时，我还有另外一个收获，就是学会了怎样管理时间。我必须学会如何充分利用时间，在地铁上读书和写作业。在地铁上，从布朗克斯到华尔街的一路我都只能站着，手里还拿着东西；过了华尔街之后，地铁里就空一些了，于是我大约能有半个小时的时间用来学习。我学会了怎么利用时间，压缩时间，迅速切换，在剧院里也是这样。

我们都很享受戏剧，还把剧本也学会了。我们会互相搭戏，表演《国王与我》中安娜和暹罗国王之间的对白。我们还学会了时刻准备好迎接失误，每当有演员摔倒或者接不上词，对我们来说都是一次很好的启发。而且，由于所有演出都非常成功，在每百场演出之后就会举办一场演职员工的聚会，每个人都会收到邀请，包括女服务员，也包括摆摊男孩。我们真的能面对面地见到罗杰斯和汉默斯坦、尤·伯连纳（Yul Brynner）、格特鲁德·劳伦斯（Gertrude Lawrence），后来还有黛博拉·蔻儿（Deborah Kerr），以及演出了《彼得·潘》（*Peter Pan*）的雷·博尔格（Ray Bolger）。那真是一个了不起的时代，我从此有了一段独一无二的经历。

社会活动初体验：采访少数族裔

说回到布鲁克林学院。当开始大一新生的生活时，我对心理学真的非常感兴趣，因为我从小就在研究它了，不是吗？我分析过领导者和追随者的特征，思考过情境的力量，还体验过一场心身疾病。可以说，我从小就是一个直觉型的儿童心理学家了。

其实我完全没有读过心理学方面的书籍，只有自己的亲身经验。还有一件事要提一下。无论在世界上哪个角落的贫民区长大，都会遇到这样一种人，他们的职业就是诱骗小孩子做坏事，以此来赚钱：偷盗、贩毒、吸毒，还让女孩子出卖身体。这种人始终存在。他们甜言蜜语，耍帅扮酷，能言善辩，极富“魅力”。一般来说，他们会给孩子很多钱，或者表现得很欣赏这些孩子，总之是先送给你一些特殊的东西，甚至可能会是棒球、棒球手套或者棍子球。然后陷阱就出现了：“没事，我就是想让你帮忙把这个包裹带到两个街区外的凯利街，在那里你会见到一个戴这种帽子的人，把包裹交给他，然后他会给你一个信封，你把信封拿回来就行了。”

然而有时候，在那里等着的会是警察的线人，于是你就被捕了，只能进监狱。为了让你管好嘴，那些人还会威胁你。可想而知，孩子们被吓坏了。我曾有一些非常好的朋友，他们都是很好的孩子，却受到了金钱的诱惑，明知不对却还是做了坏事，有些人因此进了监狱或少管所，而监狱内的种种对他们产生了很多持久的不良影响。但也有一些人，比如我，并没有去做那些坏事。

于是这也成了我童年的一次心理学分析任务：是什么让孩子们选择了站在善恶界限的两边？那些跨到了界限另一边的孩子，与我、吉恩、怀蒂·科恩哈贝尔（Whitey Kornhaber）、桑尼·梅森（Sonny Mason）等孩子有什么不同？然后我开始想到，即使作为一个孩子，我也受到了父母和主日学校老师的引导，有着自己的信仰。在出院时，我有着一颗虔诚之心。我真的很想去圣安塞姆天主教学校（St. Anselm’s Catholic School）读书，只可惜我们家负担不起，因为当时在天主教学校读书需要交一点学费，还要自己买教材、铅笔等物品，而我家里根本买不起这些东西。但我们每周日都会去望弥撒，兄弟姐妹一起去。周二或周三教会还有课外活动，我也会积极地参与。事实上，去布鲁克林学院上大学时，我还一直戴着一个十字架。后来我看到一张田径队时期的照片，自己也吓了一跳。我完全不记得自己在大学里跑步时还戴着十字架了。我一直是个很虔诚的孩子。

我经常会扪心自问一些关于善恶的基本问题：为什么孩子们会屈服于诱惑？为什么他们会变坏？现在，大一学期开设了心理学入门课。我选了这门课，准备好了受到教育、感受喜悦。结果这是我有生以来上过的最无聊的一门课！我讨厌它，每一讲都讨厌。部分原因在于，20 世纪 50 年代的心理学本身就很无聊。其内容有大鼠跑 Y 字迷宫，有大学生坐在记忆鼓前学习无意义音节，还有大脑如何编码颜色。没有任何一讲是有意思的。还有一种叫作“多选题”的考试，这是我在高中时从未遇到过的。我是个很优秀的学生，有着近乎过目不忘的记忆力。针对某个问题我会在卷子边缘写道：“如果按照课本第 470 页，这里应该选 A；如果按照老师在课堂上说的，这里应该选 B。”当然了，正确答案不是这么写的，于是这道题我得了零分。

我去找老师抗议，她说：“抱歉，你得学会怎么考试。”这次考试我得了 C，这辈子我就得过这么一次 C。哦，不对，我初中的书法课也得了 C。所以这是我这辈子第二次得 C，而我曾经是以最优等生的荣誉身份毕业的。因此我恨透了心理学，恨透了人们称为心理学的那种东西。

我很快就转向了社会学和人类学。在布鲁克林学院有一点很好，那就是在社会科学中开设了一门实验性质的课程，有点类似于尝试性课程，它讲授人类学、社会学、心理学、经济学、政治科学，针对每一门学科进行大约两周的讲座。

我爱上了人类学，因为学校里有一位叫费利克斯·格罗斯（Feliks Gross）的波兰心理学家，他讲到了第二次世界大战时的犹太社区，还讲到了人类学家布罗尼斯拉夫·马林诺夫斯基（Bronislaw Malinowski）在克拉科夫周边山区进行的研究。我成了格罗斯的研究助理。这段经历很美好。然后我就开始学习人类学和社会学。老师们正在研究的都是大问题，如关于原子弹伦理学的问题。

那时，老师鼓励我们去做实地研究。1948 年前后，波多黎各的糖类作物歉收。波多黎各政府为所有想要前往美国纽约的人提供了单程票，成千上万的波多黎各人移民而来。很多人到了曼哈顿的哈莱姆区，后来那里被称为“西班牙哈莱姆”，其他人则来到南布朗克斯。二战后，穷人的生活富裕了一些，因为工作遍地都是。南布朗克斯的犹太人一直是最有钱的，现在变得更加富裕，开始从南布朗克斯向北布朗克斯转移。他们迁往佩勒姆湾，那里有一些特殊的项目工程。

于是，在南布朗克斯空出了大量便宜的公寓。一些波多黎各人搬到了那里。与此同时，非裔美国士兵并不想回南方，因此也纷纷搬家，他们唯一可以住的地方也只有南布朗克斯。于是，波多黎各人和非裔美国人为了争夺底层工作机会，发生了大量冲突。我在两边都有朋友。我开始研究布朗克斯这两个弱势群体之间的整体动力学和偏见问题，研究方法主要是访谈，对象是黑人、波多黎各人，还有社区、教堂和商店里的其他人。我和一小组人一起进行了这项工作，然后由我将之写成了研究报告。这是第一个有关弱势群体间动力学的研究，当时其他所有的研究都是在优势群体与弱势群体之间展开的。大约是在大二或者大三的时候，我的这篇论文发表了。

这件事让我明白了必须学会聚焦自己的想法，并将其写出来分享，没有被分享出去的观点成不了好观点。我因为这项研究得到了一些推荐信。另外，那时我还意识到，在1948年的大选中，共和党和民主党都没有关注这里的选区，没能争取波多黎各人或黑人的选票。这毫无道理。在我看来，这些群体显然正在持续扩大，不仅在布朗克斯，也在西班牙哈莱姆。为什么没有人鼓励他们投票，或者告诉他们投票的重要性呢？唯一对他们有吸引力的政党其实是社会党。

当时的我并没有涉足政治，因为根本没这个时间。但我会去参加各种集会，进行记录并加以分析。社会党人试图争取到黑人和西班牙裔的签名，让他们加入社会党。我能够看出他们表达自己立场时所采取的方式的优势和劣势。我仍然记得，他们告诉人们，那些主流政党忽视了一个即将变成大选区的地方。那时是1948年，奇怪的是，直到2016年，共和党依然没能意识到这一点。

心理学，二见钟情

就这样，我眼看就要开始上大四了。我不记得自己有没有再选修过其他心理学课程，也许有过吧。到了大四那年，我最好的朋友杰拉尔德·普拉特（Gerald Platt）对我说：“我需要你帮我个忙。”

我说：“什么事？”

他说："为了修完我的心理学专业，我必须上一门研究方法课。可我讨厌研究方法，心理学的其他一切我都喜欢。"

我说："但是我讨厌心理学。"

他说："帮我个忙吧。这门课必须分组做研究，我知道你是这方面的高手。你想要什么尽管说。"

于是我们一起选修了那门课，他讨厌那一切，我却很喜欢。我们现在是真正在做研究了。那门课的老师非常严格，尤其是打分的时候。每周我们都会重复一个经典实验，收集数据，管理 10 ～ 20 名被试，还要提交一份报告：原始研究是什么样的，我们是怎么做的，进行了哪些修改，数据和结果是什么，是支持还是反对了原始研究。我真的非常喜欢这一切。我们往往会在研究中收集两倍乃至三倍数量的被试数据。到最后我说："哦，我的天哪，这就是我想做的事！"普拉特则说："哦，我的天哪，我讨厌这些事！"

在大四这一年，普拉特转到了社会学专业，我则转到了心理学专业。普拉特去了加州大学洛杉矶分校，后来到哈佛大学任教，与塔尔科特·帕森斯（Talcott Parsons）共事，成了社会科学史和历史传记的专家。我则努力选修了尽可能多的心理学课程，但数量依然远远不够。

本科即将毕业了，我申请了很多学校的研究生。这是一个很有意思的故事。我特别想去耶鲁大学，因为听说那里的心理学系很棒。但是我初出茅庐，那里的老师一个也不认识，只是在人格心理学课上，我知道了那里有两位心理学家——尼尔·米勒（Neal Miller）和约翰·多拉德（John Dollard），因为我们人格心理学课所用的教材就是他们两人写的。

重要的是，耶鲁大学离布朗克斯只有两小时路程，而其他学校都要远得多。我大概申请了十几所学校，大部分都成功了。当然，我需要全额的助教奖学金，或者类似的东西。我在布鲁克林学院拿到了一小笔助学金，还获得了种种荣誉。每所学校都有了回复，只有耶鲁杳无音信，既没有接受也没有拒绝。于是我决定去明尼苏达大学，真不敢想象，我要是真的到了那里会被冻成什么样子。做出这一选择的原因在于，那里有一个研究者叫斯坦利·沙克特（Stanley Schachter），是库尔特·勒温的学生，还曾经跟利昂·费斯廷格一起工作，而费斯廷格在那时已经是我的偶像了。我记不清沙克特是打电话还是写信联系我的了，好像是他写信给我，说明尼苏达大学就是我要找的地方。他是一个纽约人，对我说："我们这里需要你。要知道，我们在做一些非常有意思的研究。我正准备开启一个新项目，研究有关亲和的心理学。"于是在所有学校中，我选择了那里。当时的我甚至都不知道明尼苏达州在哪里。我好像也拿到了哈佛大学的录取通知，但没有获得助学金或奖学金。

我已经把同意书准备好了，邮票就放在桌子上。1954 年 4 月 14 日，我接到了耶鲁大学的 K. C. 蒙哥马利（K. C. Montgomery）打来的电话。

他说："我经耶鲁大学心理学系授权，打电话问你一些问题。你已经决定好去哪所学校了吗？"

我说："是的，我打算去明尼苏达大学。"

他说："你已经把同意书寄出去了吗？"

我说："还没有。"

他说："为什么不再等一等呢？现在有一个机会，也许可以让你上耶鲁，有兴趣吗？"

我说："有！耶鲁是我的首选。"

他说："好的。明天来曼哈顿的纽约客酒店（New Yorker Hotel）找我。那里正在举办一场心理学大会，我们在一楼的酒吧见面。一定要在 10 点整到。"

我 10 点整到了那里，穿着自己最好的衣服。顺便说一句，当时我可是布朗克斯的时尚先锋，也就是说，我穿着蓝色小山羊皮皮鞋、吊带裤，还有比利·艾克斯汀（Billy Eckstine）同款的大翻领、细细的领带，以及一件小山羊皮的夹克，真是超级酷炫。我还系着一条钥匙链，一直垂到膝盖上，末端挂着我的美国大学优等生荣誉学会（Phi Beta Kappa）会员钥匙。在布朗克斯，这身行头是最酷的，然而当我到了耶鲁之后，这样打扮看起来就像个笑话。我见到了蒙哥马利，他已经点了两杯马丁尼酒。在那个年代，人们真的很能喝酒，当然这只是大体来说，但心理学家们的确会经常在聚会上喝到酩酊大醉。

他说："我想问你三个问题。第一个问题：你知道怎么用大鼠做实验吗？"

我思考了一下，回答说："知道。"我们系里的确有老鼠，得拿着扫帚使劲儿打。不过后面这句我没说出口，只是回答"我当然知道"。

他说："你知道怎么搭建实验设备吗？"

我问："什么类型的设备？"

他说："比如笼子。"

我说："这个我当然会。"其实我的意思是我父亲什么都能造。

然后他又说："你能在这个暑假就开始工作，还是说你已经有其他计划了？"

我说："没有，这个暑假我都闲着。"

他说："好的。我在此批准你为耶鲁大学心理学系的一年级研究生，你和我一起工作，可以拿到全额助教奖学金，大概是每年 1 500 美元，且学费全免。"

我简直不敢相信，大喜过望地问道："真的吗？"

他说："是的，千真万确。"

然后我说："但我从来没收到过你的回信，既没有接受也没有拒绝。"

他说："这就说来话长了。"我知道这句话的意思就是说他现在不想谈这个。接下来他说："好了。现在赶紧去大会会场，尼尔·米勒将在 12 点发言，总结他 10 年来关于奖赏和惩罚的研究。"

我跑进了会场，见到了尼尔·米勒，那个即将成为我偶像的人。他正在讲述的研究真是激动人心，以动物和人作为研究对象，研究奖赏和惩罚。而且自始至终，他一再提及自己的研究生：“在这项研究中，我和某某学生一起发现了某某结果。”我心想，天哪，这就是我希望与之共事的人，因为他显然在为学生们的职业前途着想。最后我果然和尼尔·米勒一起做了研究。我们的研究发表在一本重要期刊上，我是第一作者。

说回我申请耶鲁的故事。当时我很奇怪为什么之前没能收到耶鲁大学的回信，没有接受也没有拒绝。这是怎么回事呢？蒙哥马利说：“咱们等会儿再说这个。”但他始终也没说。很不幸，蒙哥马利患有重度抑郁症，在我读研的第二年自杀了。系主任一直瞒着我这件事。我必须花费大量的时间搭建大鼠的笼子，通过各种各样的实验来研究动物的探索行为。这是一个正在持续发展的新兴领域，但我对同类研究知之甚少。课余时间我完全住在了大鼠实验室里，还要分析数据、写报告。蒙哥马利交给我一系列项目，却疏于监管，因为他不断在耶鲁医院进进出出。很遗憾，我们之间没能建立友情。我也明显看出了有什么事情不对劲儿，但并不知道问题有多严重。

我做了两三年的大鼠实验，然后转向了社会心理学，最终以一项社会心理学研究毕业。第一年和我一起工作的有卡尔·霍夫兰、杰克·布雷姆（Jack Brehm）、罗伯特·科恩（Robert Cohen）、欧文·萨尔诺夫（Irving Sarnoff）和哈罗德·凯利。凯利后来在加州大学洛杉矶分校成为一位著名的社会心理学家。

1959 年我毕业时，向国际心理学大会提交了一篇论文。那次大会是在德国波恩举行的，是战后的第一次国际性会议。论文被采纳了，于是我有了第一次漂洋过海的经历。我前往德国，在大会上介绍了自己的论文。我只讲了 12 分钟，但极为成功。然后我们参加了一天结束后的招待会。我和哈罗德·凯利一起上了一辆出租车，自从研一那年之后我就没见过他了。这次简短的对话我至今记忆犹新。

我说："哈罗德，你知道吗，对于我们心理学家中的犹太人来说，在战后这么短的时间就重返德国，一定很不容易。负面感受太多了。我敢打赌这里仍然有很严重的反犹情绪。"

我们聊了一会儿，然后他说："天哪，这肯定和你来耶鲁时的感觉一样，那时大家都认为你是黑人。"

我说："你说什么？"

他说："你不知道吗？"

"知道什么？"

他说："我们之所以那么晚才录取你，原因就在于系里有一半人认为，你是个黑人或者是个混血儿，你的推荐信一定是夸大其词了。你很可能会把事情搞砸，而我们不想冒这个险，因此不想录取你。另一半人则说应该让你入学，因为系里从来没有招收过黑人学生，你会是第一个，就当是个试验，我们可以看看你的表现如何。双方难以决断。"

这件事归根结底就是，当时的耶鲁大学心理学系无法决断，是否应该招收一个有可能是黑人的学生，虽然他以最优异的成绩从一所顶尖大学本科毕业，获得过总统奖，还在毕业之前就发表了一篇论文。于是他们把这件事暂且搁置起来，再也不提了。

我对凯利说："简直难以置信！"

他说："天哪，原来你不知道。真抱歉，我还以为已经有人告诉你了。"

当时事情是这样的。蒙哥马利招收了一个名叫戈登·鲍尔（Gordon Bower）的学生，但此人在最后时刻决定选择明尼苏达大学，因为明尼苏达有一个特别的科研项目。于是蒙哥马利空出了一个助教奖学金的职位和一大笔钱，而此时每个人都已经被接受或拒绝了，只有我还悬而未决。他之所以来找我，是因为除了我之外，他已经找不到其他研究助理了。就是这么回事。现在回头想想，他为什么非要当面问我那几个问题，而不能在电话里问呢？他明明可以在问完之后说："好的，我明天跟你见面，咱们喝一杯，庆祝一下。"

我敢肯定，如果我真的是黑人，他是不会收我的。虽然并没有证据能证明这一点，但后来我思考过这件事。为什么他不能直接告诉我我被录取了，好让我高兴一下？为什么他一定要等见面之后再说呢？我想，唯一合理的原因就是如果我是个黑人，他就会编造一些理由："那个……我并不确定你是不是合适的人选，也许明尼苏达更适合你。"整件事太古怪了，我敢肯定就是这么回事。

但是他们为什么会认为我是黑人呢？这么说吧，到处都是间接证据。首先，在那个年代，你要在申请时附上照片，表明你是不是少数族裔。我是个穷孩子，每个申请的学校都要寄一张照片，而我申请了很多所学校，于是就选择了漫画书封底广告上那样的照片，因为它 100 张只要 10 美元。跟其他申请人的专业照片比起来，这种廉价照片又暗又模糊，把我的照片和其他人的放在一起，就显得我格外黑。而且我还留了小胡子，并且穿着比利·艾克斯汀式的衬衫。这是首要原因。

其次，我在表格里填写的爱好是听爵士乐、去鸟园爵士（Bird Land）

之类的爵士乐俱乐部，最喜欢的书也是关于爵士乐的故事。我还是美国全国有色人种促进会（NAACP）布鲁克林分会的秘书，这其实只是因为我的一位叫查尔斯·劳伦斯（Charles Lawrence）的老师是美国全国有色人种促进会的领导，他问我愿不愿意加入。我还是田径队的队长。我发表的论文是关于黑人和波多黎各人之间的冲突的。事情都串在了一起，真是顺理成章。如果不是黑人，有谁会刚好做了所有这些事呢？于是有人得出结论："这是一个尽了自己最大努力的黑人孩子。但是，在布鲁克林学院努力是一回事，在耶鲁则是另一回事了，他是无法成功的。"做出这样的推论在当时的社会背景下也是情有可原的。

直到 10 年后，耶鲁大学心理学系才接纳了第一名黑人研究生，也就是我的朋友詹姆斯·琼斯（James Jones）。在我毕业之后，他们又花了 10 年时间才终于招收了一个其他少数族裔的研究生。这很奇怪，也很可笑，但实际上是个令人难过的故事。

这是我第三次因为刻板印象受到歧视了。在童年时，我因为被当成了犹太人而受到歧视；在高中，我因为被当成了西西里黑手党而受到歧视；在耶鲁，我因为被当成了黑人而受到歧视。我从耶鲁大学毕业后，在布朗克斯的纽约大学找到了工作。当时我依然很穷，找了一辆厢式货车，把我在耶鲁的那些东西搬到布朗克斯的一间公寓。我和弟弟从货车上往下搬东西。那是一个炎热的夏日，我们额头上系着头巾。有路人看到了我们，说："天哪，这些波多黎各人真是到处搬家。"要知道，我们并不是波多黎各人。这是第四次了。犹太人、西西里黑手党、黑人、波多黎各人，我真是什么人都当过了。

AN ORAL HISTORY

PHILIP ZIMBARDO

第 2 章

在纽约大学崭露头角

在耶鲁大学读研：不只是“老鼠饲养员”

我进入了耶鲁大学。当时的耶鲁大学心理学系很可能是全世界最好的心理学系，以刚刚出版了《学习与人格》（*Learning and Personality*）的尼尔·米勒和约翰·多拉德为首，在心理学的每个领域里，耶鲁都有超级巨星。当时正值新行为主义兴起，其早期项目是围绕克拉克·赫尔（Clark Hull）建立起来的。从人数上来说，耶鲁大学心理学系的研究生院不算大，但人人都是精挑细选出来的，在每个领域都有一位乃至多位杰出的学者。读研究生的第一年里，我尝试尽可能多地选修他们的课程、参与他们的研究项目。耶鲁的研究生人数也不多，分散在 5 个独立的领域。

那年暑假，我和蒙哥马利一起进行的工作是在多项实验中关注大鼠的探索行为。我本身更喜欢研究群体动力学和种族关系，也准备好了进行这方面的研究，但那之后的三年里，我却一直在心理学系动物实验中心的地下室里研究大鼠。

调整心态是非常困难的。这对我来说只是一份工作，我努力让自己全身心投入，试图做到最好。但困难之处在于，蒙哥马利对大鼠探索行为所做的研究是全新的。当时，动物的探索行为是一个热门课题，与之前流行的刺激–反应理论相反，我们发现动物并不仅仅是为了获得食物才去探索。它们进行探索是为了了解周围的环境，确保自身的安全。从这个意义上来讲，这类研究很有意思。

问题是，蒙哥马利总是不在。他会交代我做一系列的事情，我要搭建笼子，喂养几百只大鼠，然后把它们置于不同的情境中，记录它们的行为。如前所述，在我上二年级时，蒙哥马利自杀了。我决定继续按计划完成所有的研究，甚至还在弗雷德·谢菲尔德（Fred Sheffield）教授的监管下向美国国家科学基金会（NSF）提交申请，并获得了拨款。我当时还只是个研究生，就从美国国家科学基金会获得了 4 万美元。在接下来的几年里，我完成了所有研究。

我发表了几篇论文，有些与蒙哥马利合著，有些是我自己作为第一作者，大部分都刊载在这类研究的权威期刊《比较与生理心理学杂志》（*Journal of Comparative and Physiological Psychology*）上，这是当时的一本一流期刊。因此，在专业论文发表方面，我算是开了个好头。

实验室步入正轨后，我便开始着手做些自己感兴趣的其他研究，比如研究大鼠的性行为。在耶鲁大学有一位名叫弗兰克·比奇（Frank Beach）的著名教授，他是动物性行为研究的领军人物。我做了一个早期研究，探索氯丙嗪和咖啡因对大鼠性行为的影响，这个研究发表在《科学》杂志上。当时氯丙嗪在药物学上刚刚开始应用。我的研究发现氯丙嗪会抑制性行为，而咖啡因则会增强性行为。

作为一名研究生，我就以第一作者的身份和另一名研究生赫伯特·巴里（Herbert Barry）一起在《科学》杂志上发表了论文，还在《比较与生理心理学杂志》上发表了多篇论文。对我的职业生涯来说，这看起来是一个不错的开始。然而另一方面，我却感觉自己并不属于耶鲁。我不够聪明，对心理学理论也所知不多，比不上其他同学。我在本科所学的课程根本不够。

当时，我觉得自己准备不足，没资格和这些顶尖的研究生相提并论。然而我还是逐渐缓慢地适应了。事实上，我曾经考虑过在年中退学，但最终还是挺了过来。

还有另一件有趣的事值得一提，那就是我和戈登・鲍尔的关系，我能成为蒙哥马利的研究助理正是顶替了他的位置。他在第二年来到了耶鲁。我们一起工作，还住在一起。我想我最终得以进入斯坦福大学，其中也有他的一份功劳。因为他直接从耶鲁去了斯坦福，在那里度过了全部职业生涯。他是记忆心理学领域的顶尖研究者之一。1957 年，他与莎伦・安东尼（Sharon Anthony）举行婚礼，我还荣幸地成了他的伴郎。

当时，蒙哥马利令我很为难。我不仅要完成他的研究，还要帮忙照顾他的寡妻和孩子们。蒙哥马利的自杀完全令人意想不到。他在耶鲁的学术界是顶尖人物，独自一人修订了心理学入门课程的教学计划，发表论文无数，还在美国国家科学基金会获得了大笔资金。但他十分确信自己无法获得终身教职。当时耶鲁和哈佛雇用了大量助理教授，通常只会留下一人，然而那一年所有人都没能如愿。只有罗伯特・埃布尔森（Robert Abelson）获得了晋升，因为他在统计学领域炙手可热，而耶鲁大学心理学系的统计学比较弱。这对蒙哥马利来说是一次毁灭性的打击。另外，他和妻子那时刚刚生了一个患有遗传疾病的孩子，似乎是唐氏综合征。他可能觉得自己对此负有责任。

蒙哥马利去世后，我出售了他的藏书，还为了给他的妻子筹钱做了其他一些事。我把他全部的藏书都卖掉了，包括成捆的杂志。我还向他的前同事们筹款，以帮助他的妻子渡过难关。当时那个女人真的崩溃了。

现在，我成了一个大鼠实验者，已经连续三年发表论文。然后我幸运地在耶鲁选修了杰克·布雷姆和罗伯特·科恩的课程。布雷姆是利昂·费斯廷格的第一批研究生中的一员，科恩则曾在密歇根大学组织动力学研究中心工作。他们两人都拿我一个纽约孩子居然做大鼠实验这件事来取笑我。我则用自己的认知失调来进行辩护，以此解释大鼠实验为什么非常重要，其重要性是几年前的我根本无法想象的。这两人合作讲授了一门特别的课程，只对社会心理学项目组的少数几个学生开放。在这门课上，我们的主要学习材料就是费斯廷格《认知失调理论》（*A Theory of Cognitive Dissonance*）的手稿，几乎是他一边写我们一边读。这门课大概是在 1956 年开设的，《认知失调理论》则是在第二年，即 1957 年出版的。我们兴奋极了。戈登·鲍尔和我都在那个班里。

失调其实是一个非常简单的理论，但会推导出一些违反直觉的预测，例如，如果我们让你做出一些违背自身信念的行为，那么你的信念将会改变，从而与你的行为相符。这真是非常戏剧化。后来，费斯廷格到斯坦福大学做了一次精彩的讲座，我被深深吸引了。我说："哇哦，我想和他一起做研究！"然后我决定了，就以认知失调作为我毕业论文的主题。

当时我正和卡尔·霍夫兰一起工作，他是社会心理学项目组的头儿。他从斯特林基金会（Sterling Foundation）和其他地方获得了大笔的研究资金，领导着耶鲁态度改变项目。一方面，这里有尼尔·米勒和弗兰克·比奇这样的行为主义者；另一方面，这里也有约翰·多拉德这样的人格和临床心理学家。在两极之间，则是霍夫兰、欧文·雅尼斯（Irving Janis）和哈罗德·凯利，他们合作写出了当时的经典之作《传播与劝服》（*Communication and Persuasion*）。不过凯利后来离开耶鲁去了加州大学洛杉矶分校。

我的毕业论文把霍夫兰的态度改变理论、穆扎费尔·谢里夫的观点所推导出的理性预测和失调理论的观点进行了对比，最终证明失调理论才是正确的。在 1958 年的时候，那是第一篇在态度改变框架下研究失调理论的学位论文。我将它发表在《变态与社会心理学杂志》（*Journal of Abnormal and Social Psychology*）上。

但我在这一年并没有提交自己的毕业论文，因为那时我达到了征兵标准。为了免于服役，我在西黑文退伍军人管理局医院（West Haven Veterans Administration Hospital）当了一年的博士前研究员。在那里，我对临床心理学产生了更大的兴趣。

我在耶鲁大学上过一门非常棒的课：欧文·雅尼斯的精神病理学课程。我们真的去了一所精神病医院，大概是米德尔敦州立精神病医院（Middletown State Mental Hospital）。上午，雅尼斯会就某一主题进行讲解，比如某种恐惧症或者偏执狂。到了下午，他会和表现出这类疾病症状的患者面谈。然后我们也会进入病房，和患者们直接见面交谈。每个人都分配到一位患者，必须完成一个个案研究。我原本只是来旁听这门课的，结果完全被吸引住了，我分到的患者是 F. B. 先生。多年之后，我在讲课时还会用到当时在那里收集到的材料。

成为耶鲁大学第一个教书的研究生

我于 1959 年毕业。在迁往布朗克斯开始学术生涯之前，还有几件事值得一提。我就像一只工蜂，尽可能和全系各个心理学领域的研究者一起工作，有时甚至是几项工作同时进行。我对西摩·萨拉森（Seymour Sarason）的工作很感兴趣。萨拉森正在进行一系列有关学校儿童考试焦虑的项目。他不知怎的把我招到了麾下，也许是他做了一次讲座，然后我表示有兴趣参与，于是就开始和他一起工作。后来他发现自己对邻里心理学更感兴趣，事实上，正是他开创了邻里心理学这一研究领域。他问我能不能接手儿童焦虑这个项目，我同意了。我做那个项目的时候还只是个研究生，最终我们共同发表了有关儿童考试焦虑的纵向研究。

此外，我还在耶鲁大学开始了授课生涯。系主任克劳德·巴克斯顿（Claude Buxton）写过一本有关心理学教学的书。他在给我们上课时就使用这本教材，以此进行验证。

这门课程结束时，我问道："我们什么时候开始讲课？"

他说："你们不讲课。在哈佛，研究生会给本科生讲课，但在耶鲁，本科生也是很重要的，只有教授才能给他们讲课。"

我说："好吧，但如果可能的话，我还是希望能有机会讲课。"

班里的一部分人将会在一门本科课程中进行嘉宾讲座，我也是其中一员，并且很喜欢这次经历。然后运气来了，准备在秋季学期讲授心理学入门课的一位教授生病了，替补人选只剩下我一个。我成了耶鲁大学心理学系研究生讲授心理学入门课的第一人。我沉浸在讲课的快乐之中。

在那时，我所做的每一件事都在让我变得更聪明，眼界更开阔，然后我会设法将这些收获注入到研究之中。单就这门课而言，我所学到的是作为老师，必须在心里对知识进行重新包装，让学生感到更有趣、更兴奋。在耶鲁大学，主修心理学的本科生很少。通常来说，读耶鲁可不是为了成为心理学家的，学生们大多是想跻身商界。我在每一讲中都力图呈现能令学生感到兴奋的材料，比如 F. B. 先生的个案研究。

这门课的好处在于，班级很小，好像只有 20 人。学生都是大一新生。每周二、周四和周六的早上 8 点开始上课。在秋季，周六早上 8 点这个时间真是太糟糕了，因为那时正值橄榄球的赛季。还有些学生的女朋友会从七姐妹学院赶来。我必须让自己的课程吸引所有这些人。选修这门大一课程的每个人都要做研究，这在当时的心理学入门课上是前所未闻的。有些研究真的非常有意思，有个人从他父亲的公司里收集了大量的样本。从此，这成了我职业生涯中的一个永恒主题：把我和其他人的研究带到教学中，也从教学中获得新的研究想法，然后再把它们带入下一次教学。所以我的研究中总有一部分是由学生完成的，他们既是在完成课堂作业，也是在充当研究助理。我也总是会在很多讲座上对各种不同的现象进行演示，不是用嘴讲，而是让学生们亲身参与原始实验的演示，以此来阐明那些结论。我把这种方法一直带到了斯坦福大学。后来，我的课堂从最初的仅仅 20 人扩展到了 200 人、300 人、500 人，最多的一次是在斯坦福大学纪念礼堂，达到了 1 200 人。

在将话题转向我在纽约大学的职业生涯阶段之前，还有最后三件事值得一提：我做了一个创新的实验，测试了弗洛伊德理论中的概念划分；我在当地酒吧开办了一家爵士乐俱乐部，每周日晚上营业；我结婚了。

欧文 · 萨尔诺夫是一位临床心理学家。我设计了一种方法，在实验室情境下，利用社会亲和与选择性隔离，来测试弗洛伊德对恐惧和焦虑的区分。我还为此在作为本科生心理教学楼的林斯利 · 奇滕登大楼的地下室里搭建了一间实验室。

我保留了自己对爵士乐的兴趣，与当地一家酒吧的经理商定，让我在周日晚上开办爵士乐聚会，邀请顶级音乐家参加。这些音乐家中有些人因为在纽约市遭到了各种各样的涉毒指控，不得不保持低调，在纽黑文赋闲。

我还和学院里一个叫罗斯·阿贝努尔（Rose Abelnour）的可爱女生结婚了，她是一位出色的英语文学学者。1962 年在纽约，我们的儿子亚当出生了。

离开耶鲁之后，我去了纽约大学，然而这完全是一次挫败的经历。

回到布朗克斯，跌入谷底

我在研究生阶段就发表了许多论文，有着出色的教学经历，获得了美国国家科学基金会的基金，还做过博士前研究员。我拥有以上这些履历来证明自己，也拿到了尼尔·米勒、西摩·萨拉森、杰克·布雷姆和罗伯特·科恩的推荐信。然而在 1959 年那会儿，我能获得的唯一工作机会就是在纽约大学。这样一来也有一个好处，因为我的家人当时仍然住在纽约，我对那里的环境很熟悉。但工作本身糟透了。

纽约大学可以算是我的母校，但我读书时是在纽约大学的布朗克斯校区，而不是在格林威治村的主校区。我离开之后，这片校区被卖给了社区学院。这片校区里只有纽约大学本科的医学预科生和工科生。他们应该也都算是最顶尖的学生，但和我在布鲁克林学院的同学比起来，和耶鲁学生比起来，他们真的只能算是“二流”。

Ideas are not good unless you share them with people.

Dr. Z

AN ORAL HISTORY

没有被分享
出去的观点
成不了
好观点。

在这里，想要组织课堂讨论非常困难，他们会说："我们不想听其他学生讲，只想听你讲。我们付了学费就是要听你讲课，不是听其他学生的。"他们经常不做作业，很多人在我严格的测验中考得一塌糊涂。自然而然，所有人都向系主任抱怨，说我的测验不公平。这真是令人郁闷。

我把精力集中在继续早先的研究想法和从事新研究上。由于缺乏必要的设备，我只得自己搭建了一间实验室。我继续从事有关态度改变的研究，还开启了一项关于失调的新研究，并开始研究亲和心理学。斯坦利·沙克特当时在哥伦比亚大学工作，他在系列讨论会期间来到耶鲁，讲述了焦虑导致亲和的新观点，我的研究就是以此为基础展开的。想想也很奇妙，在蒙哥马利第一次给我打电话那会儿，我手中正拿着沙克特寄来的明尼苏达大学的录取同意书。我很可能会跑去明尼苏达读研，并对那里冬天的天寒地冻恨之入骨。但如今，他在哥伦比亚大学，我在纽约大学，我们成了朋友。

我在纽约大学要教 4 门课，负担非常重，还要在市中心的格林威治村教授一门研究生课程。我所有的时间都用来连轴转地上课了：心理学入门、高级心理学、态度改变、社会心理学、群体动力学、研究方法。然而即便备课、考试和办公室工作无穷无尽，我依然热爱着教学工作。

我决定用更有效的方法来教育我这些不够聪明的学生。此时我的班上有大约 200 人，从耶鲁的 20 人到如今的 200 人真可谓前进了一大步。我决定在每个班里找到"隐藏的珍宝"，也就是说，在期中时，我要给所有取得了高分的学生写一封亲笔信，感谢他们花费时间努力学习："希望你能在这门课程中继续深入下去，希望明年你还会选我的课。"我还鼓励这些被选中的学生，在每周我于办公室坐班的时间里过来与我当面交流。

学年结束时，我又做了同样的事。我发展出十来个学生，他们成了“主修津巴多”的孩子。他们和我一起修完了心理学入门课，很多人最后成绩斐然。奇怪的是，这些学生中继续读研并获得博士学位的人数，与后来我在斯坦福大学教的学生相比更多，因为斯坦福的心理学本科生很少会去读研，他们都去了商学院、法学院和医学院，成了专业技术人士。

后来在斯坦福大学，我刚开始也在一些班上尝试了这种写信的方法，直到后来课堂变得实在太大。在那里，一个班里的尖子生可能有 100 人，而不是只有五六个。

回到研究的话题。我做了各种各样不同的研究。在某种意义上，我兼收并蓄，堪称一个怪人，或者说好听点，我是个多面手，对万事万物都有兴趣。一旦我对某个问题或主题感兴趣，就真的会开始着手做研究，最终发表论文，无论那个问题属于哪个领域。最近有人给了我一份我研究过的不同主题的清单，上面列出了 40 多本不同种类的出版物。但在纽约大学还有另一个缺点，那就是我的同事中没有研究社会心理学的，没法找一个好友，跟他讨论研究想法。

我研究了说服与态度改变，还有去个体化。研究去个体化时正值我的过渡期，1967 年在布朗克斯，下一年就去了帕洛阿尔托。不过在此之前，让我们先岔开话题，讲讲我的政治意识的觉醒。

一次大反抗

我做着各种各样的教学研究工作，完全不关心政治，因为没那么多空闲时间。我甚至说不出任何当时的政治人物的名字，除了美国总统，可能再加上副总统，其他人一概不知。我有个很棒的秘书，名叫安妮·蔡德伯格（Anne Zeidberg），她的政治立场非常鲜明，参与了女性反战运动，还有女性反对导弹的运动。她一直向我施压，让我也参与其中，利用我的地位来有效地反对当时正在酝酿之中的越南战争[①]。

她说："你很有名。要知道，你必须参与。"

我说："我没时间。"

她说："我来帮你安排。"

我们做的第一件事是这样的。《时代周刊》当时设计了一整期企划，教人们怎么修筑核辐射掩体，当导弹来袭时怎么自我保护。这显然不是一件好事，因为它已经默认了战争即将打响。它不是在教人们如何设法避免战争，而是告诉你，如果你足够有钱，就可以在地下室里修筑核辐射掩体。于是安妮组织了一组纽约大学的教员，到处巡察《时代周刊》里的那种掩体。我们都穿着统一的服装，举着标语牌，感觉上真是又尴尬又愚蠢。人们冲着我们大叫："去找个正经工作吧！"我至今依然记得那种窘迫的感觉。然而无论如何，那是我第一次涉足政治的水域，体验到为了让世界变得更好而采取行动的感觉。这么做了一次之后，我就相当于一只脚踏进了门槛，于是便开始主动思考更有效的运动策略。

越南战争开始逐步升级。这场战争完全是建立在谎言之上的，是一场灾难。我根本没有时间卷入这些事情，不知道该怎么办才好。我听说，一些中西部的大学里会通宵达旦举行反战宣讲会。作为一名大学教师，我不

① 即 1955 年开始的越南抗美救国战争。——编者注

想只是抗议，还想在这个问题中引入教育的成分。在读到中西部大学的报道之后，我说:“嘿，我也可以这么干。”也就是说，我要从晚上10点开始，一直工作到早上 8 点。我请来了反战的退伍老兵、政治科学家，还有其他很多人，甚至还请了一位佛教徒，每个人都会前来对学生、教员和本地人进行演讲。

我们有了讲座，后来又有了小型研习会，都在一所礼堂中举行。做这些事情必须得到系主任的批准，他其实是持相反立场的，但表示自己无权阻止我们。后来我们的所作所为产生了积极的效果，他给我寄来一封长信，感谢我们做了这些事，为大学起到了很强的正面宣传作用。

第二年，在纽约大学的毕业典礼上，学校决定把荣誉学位颁发给罗伯特・麦克纳马拉（Robert McNamara）。他是当时的国防部长，也是战争扩大的主要推手。无论医学院、法学院还是研究生院，纽约大学所有的毕业典礼都在布朗克斯校区举行，共有约 1 000 名本科生参加。那里有一个废弃的橄榄球场，可以容纳大量的观众。我事先组织了几百名教员和学生，当典礼上提到麦克纳马拉的名字时，我们就集体起立离场。如此一来毫无不敬之意，但清楚表达了我们的抗议。这件事登上了《纽约时报》的头版。

我那时依然是一名助理教授，尚未获得终身教职，而且实际上我签的是一年期的合同，每年续约一次。毕业典礼是 6 月。到了 9 月，我仍未收到更新合同的信函。开学之后又过了几个月，我终于问系主任：“我的续约信呢？”

系主任说：“有些人认为你需要时间变得更加成熟。”他就是这么说的——“变得更加成熟”。

“你太性急了。”

我说：“这是不是因为——”

他说：“噢，不是不是，绝对不是！”

无所谓了，于是我说：“看来，这里不适合我。”

邀请马尔科姆 · X 到我的课堂

那时是 1966 年。纽约的学生们准备前往南方进行选民登记。我的一些学生问我要不要一起来。我说：“这样当然好。”但是要知道，我们这里有个哈莱姆区，那里的孩子没受过什么教育。事实上，当时我在位于布鲁克林的家和位于布朗克斯的纽约大学之间通勤时，会在 125 街停一下，因为那里有个演讲角，场面非常激动人心，人们会纷纷站起来发言。很遗憾没人把它录下来。

那时还有一项黑人回归非洲的运动。一些黑人领袖说，黑人应该回归故土。有些人真的回去了。当时有这样一个穿背心的帅气黑人，他的发言引人入胜，讲述着一些真正伟大的思想，谈论的并不是黑人的力量，而是黑人的荣耀。在他的演讲结束之后，我深受触动，不禁走上前说：“我在纽约大学教书。你能不能来我的班上做一次演讲？”他同意了。我又说：“我会付给你酬劳的。”他表示没这个必要。这个人就是马尔科姆 · X（Malcolm X）！他的本名是马尔科姆 · 利托（Malcolm Little）。

之后他果然来到我的课堂上，那是在他发表了关于恐吓黑人社区的

“白色恶魔”的演讲之后。学生们先入为主地不喜欢他。这真的是一次出色的演讲。他不仅穿着前卫——西装里只穿了一件背心，而且还请求大家允许他朗读《古兰经》里的段落。他知道班上主要都是犹太人，于是谈起了哈莱姆区的犹太房东所提供的糟糕的住房条件。他说：“我希望你们这些学生能够向父母和亲戚施压，让住在哈莱姆区公寓的穷人获得更好的条件。”这真是一次非常具有行为导向性的演讲。我付给他 25 美元，这个价钱很“实惠”。我还表示希望在未来还有机会合作。但是很不幸，他后来被职业杀手暗杀了。

然而，我对他所呼吁的行动主义做出了回应，决定帮助黑人。我认为自己应该在哈莱姆区开办一个暑期项目。我们的工作人员包括我在纽约大学的学生，以及我的第一任妻子罗斯的学生，她当时在纽约城市学院教书。整个夏天，我们安排学生们集体到 126 街一所教堂的操场上去当老师。我们称之为“哈莱姆暑期项目”。有人在我家里负责筹集资金，而且每个参与者都是免费工作的，我们还从出版社拿到了书籍和教具。后来我们又在院子里组织了针对学龄前儿童直至中学生的教育项目，都是一对一的面授。再之后我们组织了黑人荣耀计划，带领孩子们来到卡耐基音乐厅欣赏埃拉·菲茨杰拉德（Ella Fitzgerald）的彩排，参观黑人摄影师的展览，看杰基·罗宾森（Jackie Robinson）的棒球比赛，还组织了其他更多这样激动人心的活动。

对于高中生，我们在城市学院和纽约大学为他们设置了特别的课程。他们会坐在专为他们而设的课堂上，体验大学生活。我们会在自助餐厅吃饭，观看运动队的练习。这些活动的目的是希望激发他们上大学的意愿。这一切对我来说是一次非常有益的经历，但是花费了大量的时间。

我们原本希望，到了暑假结束时，这些高中生已经获得了足够的训练，可以在下一个夏天继续执行这个项目，我们则负责指导。然而实际上，社区里的一些人认为完成所有这些事需要一大笔钱，表示希望把项目缩减。我说："我们都是免费工作的。"但他们不相信，说："我们要叫停这个项目，因为我们认为你在撒谎。"我说："看看我们所做的一切吧。我们每天早上 8 点就来了。"但他们完全无法理解。他们就像黑手党，想要分一杯羹，而我却告诉他们这件事根本无利可图。他们说："我们就是不相信你们来这儿做了这么多事，居然没有好处可捞。"我说："信不信由你。"于是第二年夏天，他们再也没有让我们回来。

暑期项目与访问学者

接下来还有两件转折性的事情发生。其一是我做了这么多事情，却得不到纽约大学管理层的认可，感到十分伤心。其二是我受邀前往欧洲，在一个新成立的欧洲社会心理学暑期项目中担任老师。那是他们第一次做这样的事情，从此以后，每年夏天都会有这样的暑期项目。国际欧洲社会心理学暑期项目是由斯坦利·沙克特、费斯廷格以及海军研究处的一些人发起的，目的是向欧洲的研究生和教员展示，在短期内产生想法、对其进行测试和评估并撰写论文也是可行的。欧洲研究者的做法通常是，在产生一个想法之后，要深思熟虑，阅读所有相关文献，可能过了好几年才会开始做研究。

项目的参与者包括 4 位美国教员和 4 位欧洲教员，所有学生都来自欧洲国家。我是其中最年轻的一位美国老师，其他老师分别是：密歇根大学群体动力学中心主任罗伯特·扎伊翁茨（Robert Zajonc）；加州大学洛杉矶分校社会心理学的领头人哈罗德·凯利，他曾是我在耶鲁大学读研一时的老师；贝尔实验室的哈罗德·杰勒德（Harold Gerard），当时他在新泽西州和莫顿·多伊奇（Morton Deutsch）共同运营着贝尔实验室的一个庞大的心理学项目。美国的老师就是这三个人和我，只有我完全是个新人。身处这样的精英团队之中，与欧洲顶尖学者共事，讨论和计划研究项目，对我来说绝对是一次转折性的经历。我们住在一个曾经是女修道院的地方，每人负责 10 名学生组成的研究团队。

所有老到的欧洲学生都会选择拥有国际声望的老师，而他们之中没有人知道我是谁，我的声望基本为零。跟我组队的都是些被挑剩下的学生，而且他们也都不认识我。我告诉他们："好吧，这是一场竞赛。我们现在处于劣势，但如果我们能像一支精英队伍一样努力工作，就能够赢得比赛。我们很快就会产生一个想法，然后一步步执行，测试，评估，写论文。"我们就是这样做的，最终在那次非正式的学术竞赛中取得了胜利。

我们的研究主题是去个体化：在什么样的条件下，让人们保持匿名会增大他们一有机会就做出攻击性行为的可能性？我刚刚在纽约大学开始这项研究，如今则能够以比利时军人作为被试。完全沉浸在对研究的思考中真是令人兴奋。老师们通常会一起用早餐，然后开始上课，接下来和学生一起吃午餐，有时晚餐也一起吃。我和团队中的每个人都建立了亲密的关系。我的团队成员来自 6 个不同的国家，在这个为期 6 周的项目中，我们建立了极其密切的联系。那真是太令人兴奋了。接下来，著名心理学家也出现了，欧洲的教授们前来进行嘉宾演讲。这一切让我重新找回了自我价值感。

然后我回到纽约大学，度过了在那里的最后一年。我不仅回到了那个可怕的职位上，还要找些额外的工作来补贴家用，因为我的税前年薪只有 8 000 美元。我披星戴月，每周一晚上到纽黑文给耶鲁大学教育学硕士讲授一门课程，还有一门课程在曼哈顿的巴纳德学院。

1967—1968 年，我申请到哥伦比亚大学担任访问学者，接替威廉·詹姆斯·麦圭尔（William James McGuire）的位置，他当时似乎是去了加州大学圣迭戈分校。我到了哥伦比亚大学的社会心理学组，本想着沙克特也在那儿，但我去的时候他刚好结婚，请了一年的假。那里原本还有比布·拉塔内（Bibb Latané），他和约翰·达利（John Darley）刚刚完成第一个旁观者研究，但他也刚好离开了。我又一次成了教员中唯一一个属于社会心理学方向的人。

当然也有好的方面，我的研究生聪明到让人难以置信。我同其中的两人，即李·罗斯（Lee Ross）和朱迪丝·罗丁（Judith Rodin）建立了密切的关系，我们共同完成了一个有关归因问题的研究，这在已发表的心理学研究中尚属首次。朱迪丝·罗丁后来成为耶鲁大学的副校长，她本来可以当校长的，只是因为离婚问题才没能中选。之后她又成为洛克菲勒基金会的主席。她是我最早也最出色的一位研究生。李·罗斯也有着杰出的头脑，我去了斯坦福大学之后，很快就帮他在斯坦福找了份工作。他在斯坦福大学度过了漫长而卓越的职业生涯。

然而一想到即将重回纽约大学的那座牢笼，我的欣喜中就混杂进了郁闷。另一件令人难过的事是，麦圭尔决定不回哥伦比亚大学了，他的职位空了出来，而当时我正好在那儿。喂，看看我呀，问问研究生，看他们希望谁接替这个职位！然而我却被派去负责组织委员会，寻找麦圭尔的替代人选。我根本不在被考虑之列。怎么会这样呢？我完全找不到原因。

我离事件的中心太近了。我本该更直接地提出要求，把自己加到备选者的名单里，但我不好意思这么做。要知道，我一手安排了埃利奥特·阿伦森和其他顶尖人才的申请和面试。申请的人都没有通过，其他人则并不想来。后来，当我获得了斯坦福大学的工作之后，沙克特说：“唉，我们犯了个大错误，你才是理所当然的第一人选。我也不知道为什么你的名字——”

我说：“我很希望留在哥伦比亚大学。如果有人向我提出邀请，我一定会接受的！如果你的邀请先发出，我一定选这里，不选斯坦福，因为我家就在这儿呀。”

奇迹再次来临

那是 1968 年的冬天。纽约沉闷的冬天使得我的情绪更加沮丧了。突然，我莫名其妙地接到了斯坦福大学心理学系主任阿尔伯特·哈斯托夫（Albert Hastorf）的电话。

他说：“你好，我是阿尔伯特·哈斯托夫。”

我说：“太巧了，我刚刚向学生讲授了您的一个有关个人视角如何影响认知的精彩实验。”他任由我继续说了好多，然后才说：“非常感谢。心理学系的资深教员让我为你提供一个斯坦福大学终身正教授职位，从 1968 年 9 月开始。”

我还以为是谁在开玩笑，一定是那些聪明人中的某一个。想想看，我甚至都不在哥伦比亚大学的候选人名单上，而斯坦福可几乎是全美最顶尖的。我没申请过斯坦福大学，更没有进行过试讲，这怎么可能呢？我不断地追问：“这是真的吗？”

他说：“是真的。”但他听出来我不太确定，于是又问：“要怎么样你才会来？”

我说："一张单程票和一副太阳镜，我就到那儿了。"

然后我又问："你是想让我过去做一次试讲吗？"

他说："不，没这个必要。你想怎么做都行，职位已经是你的了。"

我说："我一定要去，把我当前的工作介绍给未来的同事们。"

他说："只要你觉得合适，我们都可以安排。"

于是我飞奔而去，见到了社会心理学的研究生以及很多教员，还参观了我的新办公室。我心中对上帝的信仰又复活了，慈爱的上帝不仅会保佑医院里害怕死亡的孩子，也会保佑心理学家，让他们在对工作忍无可忍的时候，不至于沦为二手车推销员。

回想起来，1962—1963 年，我曾经在斯坦福大学的暑期学校任教。为了挣钱，我每年暑假都会在暑期学校任教。在纽约大学期间，我真的会教上一整年的书，然后再去暑期学校工作。我曾在比利时度过了那个特殊的夏天，而在 1962—1963 学年，我是在斯坦福大学的暑期学校教书。

我只是教了两门研究生课程。但工作期间，我就坐在利昂·费斯廷格的研究实验室里，所以他必然对我比较熟悉。我还和戈登·鲍尔保持着联系，所以斯坦福的人就更加了解我了。显然我还获得了学生们很高的评价。以上这些就是原因，那是 1962—1963 年的事，而它"开花结果"已是 1968 年。但我想，正是近距离的曝光让天平倾向了我。另外，我仍在进行认知失调的研究，而费斯廷格已决定离开斯坦福大学，到纽约来教书。于是我就去了斯坦福。

初入斯坦福

因为能够得到免费的食宿，我开始作为一名教职员工住在赛德鲁宿舍楼。那里住的全是大一新生，我想自那一年之后，他们就不再这样安排宿舍了。隔壁的阿罗约宿舍楼住的则全是女生。这真是糟透了。那是 1968 年，正是嬉皮士的年代，人人都留起长发，甚至进食掺了大麻的蛋糕。只有我不吃这一套，从不参加聚会，只是埋头工作。

另外，摇滚乐也在旧金山刚刚兴起。在弗罗斯特剧院（Frost Theater），那些伟大的摇滚乐队都会出场，比如“感恩而死”乐队（Grateful Dead）就曾在那里演出过一两次。他们后来之所以不再来了，是因为人们会提前一周在剧院门口露营，并在演出结束后的一周里继续留在那儿。我记得钱伯斯兄弟乐队（Chambers Brothers）也举行过一场很棒的音乐会。

那个夏天对我来说真的是一个非常激动人心的开始。我没有汽车，只有一辆自行车，可以从赛德鲁宿舍楼骑到乔丹楼再骑回来，过着简单的生活。我在历史角（History Corner）开始了令人难忘的教学工作，一个班有大约 200 名学生。我尝试着引入很多新东西，在我以前的那些教学技巧之上更进一步。

从一开始我就认为，让自己表现得平易近人非常重要。我在这个 200 人的班上做了一件事，那就是制定座位表，这样我就能叫出所有学生的名字了。之后不久，他们就以为我已经记住了所有人的名字，其实我只是照着座位表叫的。学期开始前，我正在赛德鲁和阿罗约之间的自助餐厅里吃饭，有个女生走上前来说：“我为什么应该选你的课呢？心理学入门为什么这么火？”

于是我把自己打算做的事情一一告诉了她。

我说："你是谁？叫什么名字？"

"我叫乔斯琳・冈纳（Jocelyn Gunnar）。"

"你是哪儿的人？"

"我来自芝加哥。"

我们闲聊起来，我听说了她的生日是哪天。上课的第一天，课程结束后，助教端进来一个生日蛋糕，把她叫上台，大家为她唱了《生日快乐歌》。我说："这个蛋糕是给乔斯琳和所有在这一年里过生日的人的。"她的脸涨得通红。自从那天以后，我们一直是非常要好的朋友。

大约是在第二年，斯坦福举行了反战活动，上了新闻。乔斯琳的父亲是芝加哥一位富有的医生，不希望女儿继续待在斯坦福了，叫她回家。她拒绝了。她的父亲说："我不会再给你钱了。"

她来找我。我说："好吧，我来告诉你怎么办。不如你来担任我的秘书吧。我有一份基金，可以付给你薪水，也许相当于一笔奖学金之类的。"我们成了非常亲密的伙伴。1969—1970年，当我在写作《心理学与生活》（*Psychology and Life*）时，她就是我的兼职秘书。后来她在《芝麻街》（*Sesame Street*）节目组找到了自己的第一份工作。当时她去了纽约，硬是说服对方给了她这份工作。她说："我真的很喜欢儿童电视节目。"她从《芝麻街》创作之初就参与其中，后来还和其他人合作编写了《布偶奇遇记》（*Fraggle Rock*）。现在她叫作乔斯琳・史蒂文森（Jocelyn Stevenson）。

从那以后，她就留在伦敦，制作儿童新闻节目，组织其他富有创意的表演。我每两年去英国一次，为全英国 4 000 名参加中学高级水平考试的心理学学生和他们的老师授课，这时我和乔斯琳就会趁机见上一面。我和我妻子、她和她的男朋友，4 个人会一起吃一顿饭，每次都在同一家餐厅，坐在同一个位置。

扯远了。总而言之，我的想法就是要让课堂变得更加个性化，最终效果非常显著。乔斯琳就是例证。

宿舍楼里则出现了另一个问题，那就是学生们经常吸毒吸得神志不清。当时宿舍楼仍然是家长式管理，学生必须在晚上 11 点前回寝报到，周末则是凌晨 1 点前。那时没有手机，他们会直接敲门，我只能去开门。后来他们开始在宿舍里搞破坏，做些非常离谱的事情。

于是我说："好吧，现在你们所有人都必须交钱了。因为无论之前付了多少定金，你们造成的损害都过分了。如果在未来两周内你们不做任何坏事，我会安排一场破坏行动，找一辆车让你们随便糟蹋，只是不要破坏宿舍。"我们就这么做了。有个学生有一辆哈德森牌的大车，放到现在一定值不少钱。他准备把车开到院子里，让学生们随便砸，把所有的敌意都发泄到这辆车上。问题在于，这辆车他们发动不起来了，而我并不知道车停在哪儿。他们最终搞定的时候，天已经快黑了。这简直就像是《蝇王》（*Lord of the Flies*）里的场景。学生们等啊等，他们在黑夜中出现，有些似乎已经吸毒吸得精神恍惚，还有人扛着从壁炉里拿过来的铁制柴架，对着这辆车敲敲打打。后来有人往车里扔了一个燃烧瓶，它当场爆炸。消防部门出动了，命令道："赶紧离开那辆车！"学生们一动不动。

我在一旁想着："哦，我的天哪！这是我的工作。我要在这儿待不下去了。我为什么会做出这种决定呢？”

这就是行动中的去个体化。学生们不肯离开。斯坦福大学的消防部门只得报警，警察真的把枪都掏出来了：“快走，回宿舍去！谁是负责人？”没有负责人。尽管每个人都认为这个负责人应该是个理性的成年人，或是教员，或是宿舍指导老师，不过现在看来即使真有这么个人，他也不过是个傻瓜。这与我在农场宿舍的经历真是大不相同。

接下来的两年，我住在校园外的一间公寓里，位于东帕洛阿尔托，不过仍在桥的这一侧。这里住的大部分都是航空公司的工作人员。我在这里埋首写作，足足写满了 500 本黄簿子。斯科特·福尔斯曼（Scott Foresman）决定出版我的《动机的认知控制》（*The Cognitive Control of Motivation*）一书。那是我写的第一本书，出版于 1968 年，我在书中总结了我、我的学生及其他人所做的所有关于认知失调如何应用于不同领域的研究。出版方出版这本书的条件是，我必须承诺帮他们编写新版的《心理学与生活》。我说：“好啊，我来负责更新。”但当我开始这项工作时，并不只是更新，还重写了很多章节，只保留了一页有关心理测量的内容，这是前几版的作者弗洛伊德·鲁赫（Floyd Ruch）坚持要留下来的。

我白天全天上课，晚上整夜写作，只吃方便食品。那真是一段非常艰苦的时光。我不会打字，完全凭手写，然后把稿子交给乔斯琳。但是当时她时间不够，跟不上我的进度，于是我又雇用了罗莎娜·苏索特（Rosanne Sussout）担任全职秘书。后来，我参加了一门名叫“梅维斯·比肯教你学打字”（Mavis Beacon Teaches Typing）的课程，通过按键击落“Z”啊“Y”啊这些字母，从而学会打字。

我收到了一大笔预付金，大概有 3 万美元，比我的工资高多了。我买了一辆二手汽车，把我可靠的老自行车捐给了一个很不错的学生项目。我的汽车是梅赛德斯 - 奔驰 380 SL“银色子弹”，车身是银色的，座椅是红色皮革的。它真的是太棒了。我在斯坦福大学的前两年，都是坐别人的车。一旦有教员需要离开一段时间，就会把车借给我。我会开车去一些地方，比如卡梅尔，然后把车洗干净再还回去，保证比借来时状态更好。我本是一个负责洗车的斯坦福大学教授，突然之间就坐上了这辆耀眼的“银色子弹”！

《心理学与生活》第 8 版于 1971 年出版，大受欢迎，销量超过 10 万册，让我立刻变成了学术界的富人。我又写了《影响态度与改变行为》（*Influencing Attitudes and Changing Behavior*），还写了很多文章。我为《内布拉斯加州动机研讨会》（*Nebraska Symposium on Motivation*）写了一个主要的章节。在那 4 年里，我大约写了 5 本书，还有很多文章。由于我深度参与了反越战运动，所以还和我在耶鲁时的统计学教授罗伯特·埃布尔森合著了《绘制和平》（*Canvassing for Peace*）。

为了庆祝《心理学与生活》第 8 版的面世，我举行了一场盛大的聚会，邀请教员和研究生们参加。这笔版税改变了一切，因为从此以后我就有了一个稳定的收入来源，不必再为了挣钱而奔波。我也不用再去暑期学校教书了，只有 1971 年是个例外。那一年我教了一门新的暑期课程，名叫监禁心理学，这为我在 1971 年 8 月 15 日至 20 日进行的斯坦福监狱实验做好了准备。

AN ORAL HISTORY

PHILIP ZIMBARDO

第 3 章

斯坦福监狱实验第一现场

风起云涌的年代

20世纪60年代末，我要面对的不仅是教学和科研，还有学生罢课、示威等。在尼克松再次当选美国总统后，他和亨利·基辛格把在越南的战争扩展到了柬埔寨和老挝。罗纳德·里根当时是加州州长，他关闭了加州大学系统，这样学生们就无法示威，也就不会出现在全国性的新闻报道中了。于是斯坦福被推上了前台，接过在学生“造反”时，通常由加州大学伯克利分校所扮演的角色。首先，学生们开始罢课，接着大学关门。我记得当时是1970年春，整个大学都关了。

我对社会心理学课上的学生说：“我想利用这个时间来进行道德再教育。我不希望你们在家待着，也不希望你们去海滩上玩。”当时发生的事情既是一个政治问题，也是一个道德问题。我们能做些什么来强调反战观点呢？我们组织了一个活动，让大家抛掉自己手里的战争债券。大学街的联合银行依然在发售战争债券。我们要找出董事会里有哪些人卷入了与战争相关的生意，公开向他们抗议。我们还让斯坦福研究院放弃了“斯坦福”这个称谓，改用首字母缩写SRI，这样就围堵了他们。我们带着非常积极的态度，采用了很多建设性的方式。接下来，我们在心理学系开设了一个“谣言门诊”，因为针对时局有很多彼此相左的消息，我们可以证实或者否定它们。

心理学系真正变成了一个交流中心，由学生管理一切。我们定期开会，会议通常在外面的庭院里举行，由一个研究生或本科生主持。教员需要举手，以便被认出来。琼·贝兹（Joan Baez）在反战抗议方面有很大的功劳，她特别投入，以歌唱来抗议越南战争。当时的美好情景我依然记忆犹新。我决定在户外上课。我和学生们在弗罗斯特圆形剧场碰面。我不记得具体是在哪儿了，只记得自己说：“好吧，我想开发一门新的课程，叫‘行动中的社会心理学’。在上半学期，我会尽我所能地教你们；而在下半学期，你们要给我提供一些资料，让我能讲授一些我不了解但感兴趣的问题，或者就由你们自己来讲。”

我列出了若干主题，范围涵盖社会心理学、应用心理学、社会学。比如：我们对养老院里老人的心理有多少了解呢？为什么在刚刚进入养老院后的短时间内，老人们会有很高的死亡率？人们是如何成为狱警的？某人第一次入狱的时候要如何适应？我列出了一些主题，让学生们任选其一。我对他们说：“你们去开展研究，最后由我或者你们小组在课堂上做报告。如果你们愿意，可以请一个研究生来领头，这由你们自己决定。”这就是“行动中的社会心理学”，我在其中注入了大量的新能量。那时是 1970 年的春天。对我来说，那是最令人振奋的时光。

这些年来，我觉得学生们变得更加保守了，早先，如果从斯坦福毕业，一定能找到一份好工作，即便不是最好的，也不会差。随着学生变得保守，他们不再相信有斯坦福的学位就够了，好像还要与整个世界竞争。伴随着 20 世纪 90 年代的经济滑坡，以及更近期的 2008 年金融风暴，学生们开始担心起找工作的问题。很多人在经济和政治上都变得更为保守了，不再愿意在生活中进行各种尝试。我觉得问题就出在这里：不再尝试生活。对我来说，当我来到斯坦福的时候，我在尝试生活，学生们也一样。你可以自愿成为一名反战积极分子，同时依然是全职的教员或者学生。那时的我们相信，我们什么都可以做，并且都能成功。

监狱实验诞生的课堂

后来，那个想研究监禁心理的小组选择自己做报告。在报告之前的那个周末，负责这一项目的本科生戴维·贾菲（David Jaffe）说，他想在宿舍里设计一个模拟监狱。他们住在一座强调非暴力的宿舍楼，叫哥伦比屋。①

于是学生们就开始做了。我给了他们一些有关如何设立模拟监狱和狱警角色的建议。在他们向班上其他学生做报告的时候，有些人还穿了模拟的制服。突然，有一个学生崩溃了，说："我不能再把你当朋友了，因为我看到了在你拥有那种权力的时候会做些什么。"

模拟狱警说："不是这样的，我们只是在进行角色扮演。"

那名崩溃的学生说："不，我觉得那就是真实的你。"当着上百个同学的面，他在台上流下了眼泪。我暗想：这是什么情况？

事后，我把贾菲这个组的学生叫到实验室，同来的还有我的两名研究生克雷格·黑尼（Craig Haney）和柯蒂斯·班克斯（Curtis Banks），他们

① 该宿舍楼由学生共同参与管理，以促进彼此的健康和幸福。——译者注

是班上的助教。我明确表示，这件事情中存在一种强大的力量。但是这里有个自我选择的问题。在所有题目中，这些学生选择了监狱这一主题，也许他们本身就存在一些潜在的敌意或施虐性。我们决定对此进行更深入的研究。

那个小组带来的另一件特别的事情是，让我找到了一个前科犯。此人名叫卡洛·普雷斯科特（Carlo Prescott），在监狱进进出出了 17 年之后刚刚获释。他曾是个持枪抢劫犯，是个非常暴力的非裔美国人，而且极为伶牙俐齿。我认识到，如果要做实验，我必须对监狱有更多的了解。最好的方法是开一门叫“监禁心理学”的暑期课，我和普雷斯科特一起教。克雷格·黑尼和柯蒂斯·班克斯都坐在了课堂上，还有李·罗斯和其他人。就这样我们找来了前科犯、在职狱警，以及与监狱有关系的人。我开始对监禁心理学有了更深入的理解。那时对我来说真是一个成长期。在之后的实验中，普雷斯科特继续担任顾问，多年之后，我还为他安排了各种演讲。我们成了很铁的哥们儿。

回到贾菲的实验。问题在于，我班上对监禁感兴趣的所有学生都住在同一座宿舍楼里。他们中的一半扮演狱警，另一半扮演囚犯，但他们是自己选择想要扮演哪个角色的。所以他们所做的并不是真正意义上的实验，只是一次演示，而且只持续了一个周末，就是周五、周六、周日，然后大家就周一课堂上见了。我只是告诉他们需要某种制服，比如让狱警都穿棕色的衣服。重点在于，在这么短的时间里，影响已经很显著了。一个扮演囚犯的女生告诉与她同寝室的另一个斯坦福学生扮演的狱警：“我受不了了。如果你能放了我，我可以任由你为所欲为。”我很庆幸那个“狱警”没有做什么越界的事。

另外，很多学生在台上面对所有观众哭诉，这是他们曾经有过的最糟糕的经历。我说："怎么可能在几天之内就变成这样呢？你们知道这只是一次限时的体验呀。"他们说他们就是全然投入了。戴维·贾菲的实验直接影响了我，让我决定去系统地研究这个问题。我们在《帕洛阿尔托时报》（*Palo Alto Times*）上登广告，想要找到一大批与斯坦福没有关系的学生："招募大学生参加一个关于监狱生活的研究。时间一到两周，每天 15 美元。"共有 75 人回应了这则广告。他们来到我的办公室，由黑尼和班克斯进行面试。我们对他们做了一整套的心理测试。那其实是来自加州大学洛杉矶分校的考姆雷人格量表（*Comrey personality scales*），由 7 个不同的量表组成。

我们挑选了 24 个看上去心理最正常，身体也很健康的人，把他们随机分配为狱警或囚犯的角色。我们告诉那些要做狱警的被试周六过来，然后和他们一起去了一家海陆军用品商店，他们挑选出军队风格的制服，接着又一起来到乔丹楼的地下室，帮助我们完成了监狱的布置。我们想让他们觉得，这就是他们自己管控的监狱。他们有特别的房间，那是"狱警"的专属区域，他们可以在那里穿脱便服和狱警的制服。我们在那里放了一台咖啡机和一台饮水机。接下来，他们在走廊的墙上挂出了标志牌，包括"斯坦福县监狱""禁止吸烟""禁闭室"等一整套东西。这样做是为了让"狱警"觉得这是他们的地盘，"囚犯"则是之后才进来的。对那些扮演囚犯的被试，如果他们在上其他暑期学校，我们就告诉他们待在宿舍里；对于那些在伯克利上暑期学校的被试，则安排他们先到其他人譬如我秘书的家里去，让他们在门廊或屋内等着。

真的警察，真的逮捕

这项研究的关键是，我事先与詹姆斯·泽克（James Zurcher）警长做好了安排。他是帕洛阿尔托警察局的新任警长，他帮我们安排了一辆警车和一两名警察，去镇上一个一个地逮捕这些“囚犯”。警察逮捕“囚犯”，向他们宣读米兰达权利（Miranda Rights，即犯罪嫌疑人有权保持沉默的权利），给他们戴上手铐，押入拉着警笛的警车里，带到帕洛阿尔托警察局，按指印，拍照，进行常规登记，被蒙上眼睛，关进一间真正的牢房里。然后，警察出去抓下一个人，克雷格·黑尼和柯蒂斯·班克斯则会把“囚犯”带到乔丹楼的地下室，来到那个由我们布置的监狱里，脱光他们的衣服。这时他们依旧被蒙着眼睛。然后，在一面巨大的镜子前，眼罩被摘掉了，他们就这样赤身裸体地站在小庭院的走廊里，那里正是斯坦福监狱实验即将拉开序幕的地方。

这是制度性去个体化的开始。接下来，“囚犯”会得到一件制服。这是一件罩衫，没有内裤，上面缝着一个号码，那实际上是我的秘书罗莎娜缝上去的。我们还考虑过剃光“囚犯”的头发，但是在 1971 年，头发是很宝贵的，剃发很可能会导致他们退出实验。为了最大限度地削减个性、创造一致性，我们让他们戴上了尼龙丝袜做的头套，这样每个人看起来就都差不多了。

对我来说，斯坦福监狱实验得以实现的关键之一，就是由警察来剥夺“囚犯”的自由。因为一旦这样做了，就只有警察才能将自由还给“囚犯”，和现实世界中一样。在现实世界中，囚犯需要通过假释委员会的听证会，我们这里也有一个“假释委员会”。被试在过来接受面试前已经填写了知情同意书。我想，如果是他们自己来到这里说：“我来了，开始实验吧。”效果会很不一样。因为如果他们当时是自愿放弃自由的，那么当事情变得很糟糕的时候，他们很容易就会要求退出。

那一年早些时候发生了一件事情。那时学生们在举行反战示威，也进行了各种各样的其他活动，有几个学生卷入了校园里的敌对活动，砸玻璃，搞破坏。当时的大学校长是刚从莱斯大学（Rice University）转来的肯尼恩·皮策（Kenneth Pitzer），他是个化学家，实在没有处理这种混乱的经验，只得把帕洛阿尔托的警察叫到了校园里。警察和斯坦福大学的学生之间发生了很多肢体上的冲突，上了报纸新闻，场面搞得十分难看。我立刻意识到自己应该当面请求皮策校长让警察撤回。我说："如果你这样做，我们可以保证在校园里不再发生暴力事件。"

他理所当然地回答："无论在哪里，学生都有权抗议一场不道德、不合法的战争，这是很重要的。但他们必须和平地抗议。也就是说，法律将惩罚那些破坏性行为。"

"好吧，"我回答道，"我认识这些学生，他们中的很多人都是由我负责的。暴力事件不会再发生了。"于是校长撤走了警察，事态开始平息下来。

之后不久，我去了趟帕洛阿尔托警察局。我觉得泽克警长是新近上任的，不知道上一位警长是不是因为无力处理破坏事件而被解职了。我对泽克警长说："我想与你们一起努力，来化解警察和学生之间的紧张局面。我有个办法：可以安排一些警察来学生宿舍里吃饭，或许再让一些学生领袖坐警车四处转转。"我们这样做了一两个星期，起到了显著的安抚效果。

然后在四五月时我说："哦，顺便提一下，我想在今年夏天做个实验。"我大致进行了一番描述。"如果你手下一些新来的警察能够扮演囚犯就好了，这样他们也可以体验一下。"

泽克说："我很愿意参与。"

时间来到 8 月 14 日星期六，我们即将在星期日开始实验。这时，我从纽约贫民区里学到的多疑突然袭上心头。我担心警长会反悔。那时我们已经谈妥了，派一辆警车去镇上的各个地点逮捕那些即将成为“囚犯”的人。但这么做对他来说太冒险了。他一定会退出的，我需要一个后备计划。

于是，我在实验前一晚给 KGO 电视台打了个电话。我说：“嘿，我们明天会在斯坦福做个实验。它会非常吸引眼球，非常有戏剧性，前所未有。如果你们能派一个摄制组过来的话，我就让你们做一个独家报道。我们可以一起过去，我来开车。”

他们说：“我们会考虑一下。”

第二天早晨，我在 8 点钟醒来。电视台通知我说：“我们会派一个摄像师过去。”我回答说：“太好了。”

我和摄像师碰了头。我告诉他：“你还是可以进行独家报道。”我们一起去了警察局。我朝一位警官走过去，说：“我来了。泽克警长说他会安排一辆警车，帮助我完成一个特别项目。”

那位警官说：“我的记录上查不到这件事。”

我说：“噢，那我可以联系他吗？”

“不行。现在是周日早上 10 点，他不在。”

在那个当口儿，我只能说：“你看，他答应过我的。我们就要开始实验了，这件事——”

他说："对不起。但没有指示，我什么都不能做。"

正在那个时候，两个警察奇迹般地进来了，说："嘿，警官，我们刚刚完成了今天上午的值勤。"

我说："哦。如果他们已经值完了勤，是否可以花一个小时左右的时间帮我这个忙呢？因为你看，我们有从 KGO 来的摄制组，他们会在'逮捕'学生的时候进行拍摄。"

听得此言，其中一个警察掏出一把梳子梳起了头发，假装是为了在观众面前好好打扮一下。我告诉自己："有戏了！"接下来，我们把列着地址的单子给了警察，只告诉他们：按正式的逮捕程序来，包括把每个人都带到市监狱去登记。我和摄像师开车跟在他们后面，把每一次逮捕都从头到尾拍摄下来，一共花了大约两个小时。在被"逮捕"的时候，没有学生反抗。巧的是，那些警察都戴着银色的反光太阳镜，这恰好也是贯穿整个实验的一个标志。这是我从保罗·纽曼（Paul Newman）主演的电影《铁窗喋血》（*Cool Hand Luke*）中得到的灵感，让监狱工作人员通过戴上银色的反光太阳镜来隐藏自己的身份。我和"狱警"们一直戴着银色的反光太阳镜，那天去执行"逮捕"的警察恰好也是这样。这完全是一个巧合。他们办事非常正式。我的名单上列着 9 个学生的名字。警察敲门，问："是某某吗？你因涉嫌入室盗窃或违反刑法第 459 条而被通缉。你有权保持沉默，也可以聘请律师。"如此这般。每个学生都经历了同样的程序。警察说"伸出双手"，然后给学生戴上手铐，把他们押到警车边，双手放在车上做了一个完整的搜身，再让他们坐进警车后座。四周都是围观的邻居。那是帕洛阿尔托一个宁静的周日上午，大约 10 点半的光景。人们四处张望，警笛长鸣，红灯闪烁。

一个学生说："我知道我什么也没做，但我感觉自己有罪。我的意思是说，我因为曾经做过的所有事情感到有罪。我曾经破坏财物，还有别的一些事情。"再说一遍，警察当时真的极其认真，当有些"囚犯"试图开个玩笑的时候，他们说:"这不是在开玩笑，你摊上大事了。"然后"囚犯"会说："天哪，他们搞错人了吧？"当他们被送到帕洛阿尔托市的监狱时，同样的事情再次上演。另有一批人负责登记，这是我们预先安排的，负责登记的人会说："这不是在开玩笑。安静！我问什么你就答什么。"气氛降到了冰点，为这一时刻设定了正确的基调："你做错了事，最终会上法庭受审，法官会对你量刑。"整个实验其实都是在模拟审前羁押，"囚犯"们等着最终上法庭。我们知道审前羁押可能持续数天或数周的时间。这就是"囚犯"们当时的心态：我做错了事，很可能即将付出代价。

当他们被从警察局转移到乔丹楼的"监狱"时，依然戴着眼罩，并不知道是谁在开车，以为自己坐的还是警车。他们只是被直接带走，坐上我们的车，没有语言交流。从登记开始，一直到"囚犯"被带到车的后座，都没人说话。研究生克雷格·黑尼开车，柯蒂斯·班克斯则坐在后座，两人只说："不许讲话。"他们把"囚犯"一个个地带出来，押送到乔丹楼的地下室。很快，"囚犯"们就浑身赤裸地站在了那里。他们被剥光衣服，检查是否有虱子，以免携带细菌。狱警会针对囚犯们的身体取笑、嘲讽他们。这也是"囚犯"将在下一周里昼夜忍受的常规羞辱过程的开始。

这个过程几乎立刻就开始了。对于每一个"囚犯"，流程会持续 10 ～ 20 分钟。一共有 9 个"囚犯"，每人完成这套程序大约半小时，所以一共要花半天时间。我们大约是在上午 10 点开始的，直到下午 4 点，9 个"囚犯"才全部收监。之后，他们穿上了制服，被关到牢房里。那里有三间牢房，之前是乔丹楼地下室里的学生办公室。每间牢房里关着三名"囚犯"。戴维·贾菲出来喊话："排好队！我是你们的典狱长。"然后他陈述了各项规则："这里的规矩如下……"研究正式开始了。

贾菲非常严厉，简直不可思议。他给我留下了非常深刻的印象，因为他只是一名本科生，刚刚在这种情境下担当起这个角色。我们对所有与"囚犯"的互动都录了音。他会说："我是你们的典狱长，这不是在闹着玩！"因为有些"囚犯"还在咯咯地笑。"这里是有规矩的，违反任何规定都会受到惩罚，包括关禁闭和其他各种惩罚。以下是 12 条规则……"

贾菲和"狱警"一起制定了这些规则，我未曾参与。我甚至根本没有考虑过这件事。贾菲说："你们要记住自己的名字，记住自己的编号。在任何时候，你们都只是个编号。你们必须且只能在用餐时间吃饭。要称狱警为'惩教官先生'。"他们真是把每一个细节都考虑到了，还有"试图逃跑将受到严厉惩罚"，等等。

破坏"囚犯"之间的团结

这里是乔丹楼的地下室。地下室里只有一侧有个出入口。在另一侧，我们建了一堵墙，墙上有个小孔，遮着一块质地稀松的布，构成了一个用于监控的黑色区域，这里可以安装摄像机，我们则躲在墙后的一个开放的走廊里。旁边是一个供工作人员休息的房间，后来当"囚犯"崩溃的时候，我们也会把他们从院子里带过来，让他们在休息室里待上一段时间。在那里可以听到正在发生的一切。但从"囚犯"的视角，他们根本不知道自己是否正在被观察，因为观察是时断时续的。开始的时候，工作人员会在那里睡觉或者下班后在那里稍作休息。从走廊那边看不见摄像机，因为我们用黑色的布头遮住了机子。我们把那个走廊叫作"囚犯院"。

在那个年代，录像带是 16 毫米的安培胶片，贵得离谱，一卷大概要 70 美元，而且冲印也非常昂贵。如果是现在的话，我们一定会 24 小时监控。但在那时，我们只能每天监控几个小时。我们挑选了一些特定的事件来录制，如就餐、探访、受罚，但这是有限的。最后，我们在 6 天时间里一共录制了 12 个小时的胶卷。这真的很遗憾。我很高兴我们做了录制，但真希望那时能有现在的电子技术，可以录制更多。

录音的时间则要长得多，因为我们用了时长很长的录音带。这是对录像的一个补充。我们还记录了牢房中发生的事情，“囚犯”并不知情。我们从那里得到了一些有价值的信息。

第一天，没有人把一切太当回事。那时是 1971 年，所有“狱警”都是反战积极分子，都支持民权，有些人甚至还参与了刚刚兴起的女权主义运动。每个人都留着长发，活脱脱像是从那部叫《毛发》（*Hair*）的电影中走出来的，包括我在内。我们还留着络腮胡子、大鬓角、山羊胡子。当时这很酷，但现在回想起来其实很邋遢。

然而突然之间，“狱警”们穿起了军队制服，而那时每个人都反警察、反军队。他们穿着制服觉得很尴尬，而且制服也并不怎么合身。“囚犯”们说这太傻了。在同意参与一个有关监狱生活的研究时，很多“囚犯”以为他们只是住进一间牢房里，弹弹吉他、打打牌，消磨时间。服刑不就是消磨时间吗？而如今，“狱警”让他们报数、做俯卧撑，不断给他们下各种命令，还会做些羞辱人的事情。“囚犯”觉得这不是他们签字同意要做的。

但“狱警”们是自然而然地去做这些的，那是每一轮值班“狱警”自己的主意。

想想看，这是你的监狱、你的“囚犯”，只要在职权范围内，一切都归你掌管。如果“囚犯”逃跑了，那是你的错，实验就结束了，研究也就结束了。你必须维持“法律”和秩序，这是件大事。监狱关乎权力：“狱警”所拥有的权力，以及“囚犯”经由各种方式想要夺取的权力。再提一下，我们和“狱警”的第一次会议做了录音。会议的核心非常清晰，给予他们掌控的权力，但并没有允许他们去施加伤害。事实上，我很确定自己曾经说过，体罚是不被允许、不能接受的。但我并没有预先阻止心理惩罚，而那显然更为糟糕。

第一天结束时，我对工作人员说：“似乎没什么效果啊。”学生们大笑，“狱警”则说：“嘿，咱们要当真一点了。”我记得同班克斯、贾菲和黑尼开会时说：“看，这没有效果。我们至今已经付出了很多时间和努力，但如果情况一直这样下去，可能明天就得放弃研究了。”然而就在第二天早晨，在三间牢房中，有两间牢房的“囚犯”开始反抗了。他们把自己锁在牢房里，撕掉了囚犯编号，摘掉尼龙头套，并开始咒骂“狱警”。这是在晚班结束时发生的。

为什么会这样呢？我们也不知道。根本上来说，他们是在抗议自己受到不人道对待。他们不想只是个编号，不想没有名姓，不想由别人来告诉他们做什么。他们说这不是他们签字同意做的事情，应该只是经历监狱生活，而不是被羞辱、被贬低。

当班的“狱警”来找我，问：“我们应该怎么办？”我说：“这是你们的监狱，你们想怎么办？”他们说：“我们需要援军。我们自己应付不了了！”当时“狱警”的安排是每 8 小时一班，每班有 3 名“狱警”，也就是一共有 9 个人。然后我们还有 3 名替补“狱警”和 3 名替补“囚犯”，加上 9 名“囚犯”，这样就是 24 个人。我们把 12 名“狱警”都喊来了。

8612 号“囚犯”是带头反抗的。他一直在叫骂和诅咒。他就是要羞辱“狱警”。后来他成了研究开始 36 小时后第一个情绪崩溃的人。这些反抗的“囚犯”把自己堵在牢房门背后。他们不知从哪里找了一根绳子，把门绑紧，这样“狱警”就开不了门了。接下来，他们开始在这个安全地带朝着“狱警”喊叫和咒骂。我说：“天哪，这真是一场灾难！”

领头的那个“囚犯”朝着一个小个子“狱警”叫喊：“你这个小兔崽子！我出去以后要狠狠地揍你！”“狱警”回答说：“好，我等着！”这已经是私人恩怨，而不再是角色扮演了。有个“囚犯”说：“嘿，我出去以后要揍扁你！”“狱警”说：“真的吗？我们走着瞧好了。”

当 12 名“狱警”全部出动之后，他们攻破了“囚犯”的堵截，冲进牢房，扒光了所有“囚犯”的衣服，还把其中几个绑了起来。禁闭室是走廊里的一个橱柜，里面原本只有一些旧的文件盒子，我们把盒子取了出来。这是一个大约 1.2 米宽、3 米高、0.9 米深的柜子。“狱警”们把两名“囚犯”关在里面，包括领头的 8612 号和另一个人。他们只能躺在地上。

只有一间牢房——1 号牢房里没有人反抗。那是一间“好牢房”。接下来，“狱警”马上说：“好，太好了，你们所有人都失去了吃饭的特权！你们没有晚饭吃了，而 1 号牢房会得到特殊的伙食。”他们让 1 号牢房的“囚犯”走出来，享用了特殊的食物。其他牢房的“囚犯”喊：“不要吃！不要吃！我们要团结！”这件事打破了“囚犯”间的团结，因为 1 号牢房的“囚犯”确实吃了食物。就在那时，转变发生了，一个“狱警”说道：“你们知道吗？这些‘囚犯’很危险，我们必须控制住他们。”

至此，它变成了一所由心理学家管理的监狱，而不是一个由心理学家进行的监狱实验。这所监狱必须由权力主导，才能防止再次发生反抗。负责值下一班的“狱警”说:“你们这些家伙怎么可以让这样的事情发生呢？你们是不是傻！”于是，值夜班的“狱警”必然要变得非常残暴，以证明他们是很厉害的，可以掌控所有的“囚犯”。

对我来说，这是一个令人惊奇的意外。我们说：“好哇，突然开始有事发生了。不需要终止研究了，我们会让它顺其自然地发展，看看还会发生些什么。”

我对事态进展并不担心，唯一让我担心的是躯体上的暴力。“狱警”冲进牢房，把“囚犯”揪了出来。我不想再到那个院子里去了。我召集了所有“狱警”，告诉他们：“你们不能动粗。如果有人需要约束，可以按住他们，但不许打他们。你们可以象征性地用警棍碰碰他们，但如果打人，你们就会被从实验中开除。”我不断重复着这些话。

很快，“狱警”们开始利用直觉常识心理学，比如挑拨一间牢房与其他牢房对立。他们还一直说，如果416号“囚犯”拒绝吃香肠，那么同牢房的其他所有“囚犯”就都得不到食物。如果这个人还坚持这样做，那么就取消他牢房里的“囚犯”的探访日。“狱警”们开始设局让“囚犯”彼此对立。在第一天之后，“囚犯”们再也没有团结起来。这很关键，因为这也就意味着，当一个“囚犯”开始情绪崩溃的时候，他会一连几个小时大喊大叫，却没有任何其他“囚犯”会去帮助他，没有人会说：“嘿，振作起来，伙计。”

到了这时，每个人都是在孤军奋战，只能靠自己了。“囚犯”没有团结一致这回事，这与真正的监狱有所不同。我们研究中的“囚犯”更像是战俘营中的那种，因为在战俘营里，每个人都是在相近的时间入狱的，所有战俘都输掉了战争。在真正的监狱里则有一部“家族史”，很多人已经在那里住了几年甚至几十年，是老前辈了。当你是个新人的时候，会被灌输很多东西。老前辈们会告诉你："这些是我们的规矩，你可以这样做，但不可以那样做。守规矩会有这些好处；而如果你不听话，代价是这样的。"但在斯坦福监狱实验中，所有的一切都是第一次发生，所有的一切都刚刚出现。对我来说，这令人激动。有一些我想象不到的事情正在发生着。

随后，一切都明朗起来。在换班的时候，每一班"狱警"都会告诉接班的人:"这个家伙给我们找了很多麻烦。要让那两个放聪明点。"接下来，在每一班的三名"狱警"中，都有一个自动地成了首领，我们称之为 1 号"狱警"。他会更多地下命令，会施加惩罚，还会决定"囚犯"应该做哪些活动。而另外两名"狱警"呢？在这三个人里，3 号永远是更加被动、更愿意站在囚犯一边的。这名"狱警"不喜欢惩罚"囚犯"，通常更愿意去打饭，尽量不待在院子里。

于是 2 号"狱警"就成了关键。如果他支持那个宽和的"狱警"，那么这一班就会比较"温和"；但如果 2 号"狱警"紧跟那个强势"狱警"的话，那么这一班就具有强大的负面力量。结果在每一班中，2 号"狱警"都选择了追随权力。

权力是有趣的，权力是强势的。你掌控着局势，告诉别人去做什么，他们就去执行了。在现实生活中，如果你命令别人做什么，他们会说:"谁理你？再见！"所以通常有一个强势的"狱警"和他的同伙，而第三个"狱警"是个"好狱警"，但只是一种被动的好，从来不会去阻止"坏狱警"做那些负面的事情。"好狱警"其实可以半开玩笑地去阻止"坏狱警"的，他们本可以说："嘿，我们每天只得到 15 美元的报酬，这对 8 个小时的工作来说可不算多。我们何不坐在狱警区打打牌呢？"真的，没有人这样告诉过另一个人:“我们不必这么做。何必时时刻刻把自己弄得精疲力竭呢?我们可以玩一会儿,找点乐子。”从来没有人这样说。正如我所说,他们是被动的“好狱警”。他们不会亲手做坏事,但也并没有阻止别的“狱警”做坏事。

为了获知“囚犯”的想法,我们用连接到录音机的隐藏式麦克风对牢房进行监听。结果发现,几乎所有的谈话都是关于当前情况的:如何计划逃跑,糟糕的食物,哪些“狱警”很可怕,哪些“狱警”可以软化。有趣的是,几乎完全没有关于过去和未来的谈话。这些人素不相识,但他们都没有问过彼此:你出去以后打算做什么?你是哪个学校的,学什么专业?你今年夏天做了些什么?这些原本都是结识某人时通常会聊的话题。

“囚犯”们以一种古怪的方式,在心理上把这段监狱经历变得更加糟糕了,因为他们直接生活在一个消极的当下。当他们独自一人并且可以幻想时,其实可以说:“哦,等我拿到参与研究的报酬以后,我会去干这个,或者买那个。”但他们所关注的全是当前情境下的负面信息。我真的很好奇他们为何要内隐地选择生活在“现在”这一时间区域中。

正因为如此,当研究结束的时候,我开始对时间观心理学进行研究,即人们是如何生活在不同的时间区域中的,过分关注过去、现在或未来是否会对生活产生重要的影响。我写了一本《津巴多时间心理学》(*The Time Paradox*)[1],开始对时间观心理学展开研究。

现在,一个国际时间观运动已经存在,在全球范围内有着几百个研

---

① 《津巴多时间心理学》中文简体字版已由湛庐文化引进、万卷出版公司出版。——编者注

究者，他们都在使用“津巴多时间观量表”（Zimbardo’s Time Perspective Inventory，ZTPI），这是针对时间观个体差异的信效度最高的评估工具。这项开始于 1972 年的新研究在几十年后的今天依然势头强劲。

在说回研究之前，还应该提到一件事，那就是在我们完成研究之后，黑尼、班克斯和我只写了两三篇小文章，因为对我来说，这只是一个有趣的演示，是对斯坦利·米尔格拉姆研究的后续跟进。不过在斯坦福监狱实验中，并没有权威命令“狱警”做坏事，他们只是处于这样一种情境中：你所扮演的角色迫使你通过做坏事来证明自己控制“囚犯”的权力。

角色转换：从研究者到监狱主管

让我们回到斯坦福监狱实验的第二天和第三天，监狱里正在发生着戏剧性的变化。关键事件发生在 8612 号“囚犯”身上，他是第一个被帕洛阿尔托警方逮捕的人，在 36 小时后情绪崩溃。他大声尖叫，整个人都失控了。这使我们十分震惊。

然而我的顾问卡洛·普雷斯科特仍然认为“狱警”们对待“囚犯”太宽容了，有时还提出他们应该变得更加强硬。他说：“在真正的监狱里，他们会用警棍敲囚犯的脑壳。如果狱警示弱，他就会被囚犯利用，以获得某些特殊待遇。如果一个囚犯哭了，别人会认为他是娘娘腔，会一起欺负他。”他在逼我，不停地说现在这样还不够真实：“‘狱警’必须更加强硬，更加刻薄。”而我只是一个劲地说：“但是不许动粗。”

我的确算是暗中默许了心理虐待，但并没有鼓励的意思。我只是说不许打人，但没有对狱警在囚犯身上实施的口头辱骂和心理游戏表示反对。

“狱警”是在通过羞辱来实施掌控。“狱警”的策略是羞辱、贬低和隔离“囚犯”。他们会让“囚犯”排成一队，命令其中一个人告诉另一个人，他是个混蛋，是个刺儿头，是个杂种。甚至可能有一次，他们命令“囚犯”往同伴脸上吐唾沫，而“囚犯”们都会照做。有人在做俯卧撑，“狱警”会命令另一个人站到他背上。他们让“囚犯”彼此作对，这破坏了“囚犯”间的一切凝聚力和团结。

然后在8612号“囚犯”离开之后，一个谣言传开了：他其实是装病；他将带着他的哥们儿闯进来，解放监狱。天哪，这是我最不想看到的事了！

我打电话到警察局，告诉警官：“我碰到了一个问题。我想把所有‘囚犯’都转移到你们的旧监狱去。”当时在大学街附近的市中心还有一所旧监狱。

警官先是说：“好。”过了一会儿他又回电话说：“抱歉，市政执行官说这么做风险太大了。”

我去了趟警察局，在那里与人大吵了一架，那位警官一定以为我疯了。我说：“说好的机构合作到哪里去了？如果换作是我，一定会答应的。”但在那时，我已经知道自己注定会失败。

我说：“好吧，我们需要一个新计划。”

警官说：“我帮不了你，因为实在不方便。你还是回去另想办法吧。”

我说：“嗯，我也是这么打算的。”

至于那个越狱的传闻，其实只是因为我们无意中听说 8612 号“囚犯”曾同牢房里的其他几个“囚犯”说，当他回来的时候，将解放整个监狱。我们对此当真了，而没有做一下分析。现在，在我的心理学入门课上，一个重要的演示项目就是所有学生都必须完成的谣言传播心理研究。但当时我已经深陷其中，甚至根本没有考虑过要收集谣言的数据。

我说：“我们这么办：带走所有的‘囚犯’，把他们蒙上眼睛，带到五楼的储藏室，让他们待在那里。我就坐在院子前面。在那些人闯进来的时候，我们摘下门的铰链，我会说：‘嘿，研究已经结束了，我们什么结果都没得到，都散了吧。’这样就能缓解眼前的紧张局势了。等到那些人离开之后，我们再让心理学实验室的技术员给门加上双重锁扣。”

我在院子里坐了几个小时，什么事也没发生。然后，我以前的室友戈登·鲍尔来了。好莱坞电影《斯坦福监狱实验》对这段情节做了改编。其实当时的实际情况是这样的。门开了，鲍尔走进来，说道：“嘿，你在这儿做什么？”我描述了这项研究。他说：“这个实验的自变量是什么？”

我说：“就是对‘囚犯’和‘狱警’的随机分配，仅此而已。这是一场实地研究演示。”我们互相开着玩笑。然后他问：“‘囚犯’在哪里？”

“在上面的五楼。”

于是他和他的妻子雪伦去了五楼，还给‘囚犯’们带了饼干和蛋糕。

电影里的这一段改得很不好：他们让一位资深教授来问同样的问题，而且对我不屑一顾。我一直不明白为什么电影导演要加入这一幕，也许是为了突出我是一个相对年轻的教员，做着资深教授不会赞同的非传统研究。

而且在电影中，我并没有立即回答那个自变量的问题，就好像被问住了。我跟导演说，这真的很糟糕，我不明白为什么他要这样拍，根本毫无道理，我是跟戈登·鲍尔讨论这件事的，我们是同龄，而且是在很轻松地交流。最后我说："戈登，你得离开这里。可能会有一些坏事发生。"而电影里的相关场景让我看上去非常愚蠢。我认为这是电影中最糟糕的一幕。

我所说的就是之前提到过的关于斯坦福监狱实验的好莱坞电影，由凯尔·阿尔瓦雷斯（Kyle Alvarez）导演，比利·克鲁德普（Billy Crudup）扮演了我。它于 2015 年在圣丹斯国际电影节上首映，赢得了许多奖项，并在世界各地上映。

在研究后期，情况变得越来越糟。"狱警"对"囚犯"的羞辱和打压不断升级。"囚犯"将前往以卡洛·普雷斯科特为首、由当地百姓组成的"假释委员会"。一所真正的监狱里该做的所有事情我都照做了。我设定了父母和女朋友来探访的日子，还请来了监狱牧师和公共辩护律师。警方也曾经来过一次。我想那是因为我们向警方借了手铐，还需要拿钥匙。

其实在第二天，"实验"这种想法，或者说这个词，就已经被丢掉了，再也没能回来。即使是父母的探访也没能发挥作用。因为当父母来探访时，每张桌子旁边都坐着一名"狱警"。"囚犯"必须告诉访客一切都很好，挺不错的。如果不这么说，访客离开之后他会变得更惨。"狱警"们就坐在那儿看着。再提一下，在电影中只讲了一次"假释委员会"的事情，每天也只有一位探访者。但实际上，以普雷斯科特为首的"假释委员会"在两天之内接见了所有的"囚犯"。他在监狱里待了 17 年，也就是说，他去过 16 次假释委员会，每年去一次，每次都被拒绝。他恨假释委员会。然而现在他却在这里扮演着假释委员会的主席，羞辱着"囚犯"们。有些时候，"囚犯"会哭出来。

普雷斯科特说："我们很少会抓你们这个种族的人。你真是你们种族的耻辱。你是因为什么进来的？"学生回答："他们说我违反了刑法第453条。"

"'他们说'是什么意思？你究竟有没有做过？"那个学生开始流泪。普雷斯科特取出一张白纸，放在自己面前。他的即兴表演十分逼真。他假装在阅读囚犯卷宗上的诸多细节。"这里说，你想当老师。对吗？"

"对，我想当老师。"

"我永远不会把任何学生交给你这样的人来教！"

"囚犯"真的哭了起来。

普雷斯科特说："狱警，把他带走。"然后他就被带走了。

后来那个"囚犯"说："我可以再跟'假释委员会'说两句话吗？"他问他是否可以回来为自己不是一个"好囚犯"而道歉。他已经把实验当真了。那天结束时，普雷斯科特说："我不能再回去了，我不舒服。我成了自己最大的敌人。"他还说："我并不是故意的，我根本想都没想就那么做了。可能我就是一个卑鄙的人。"

在这场实验里，似乎每一个角色都会如此。你开始扮演一个角色，然后就变成了那个角色。我想这大概是斯坦福监狱实验所传递出的最重要的信息之一。你变成了被任意指派给你的那个角色。扮演狱警的学生变成了狱警，扮演囚犯的成了囚犯。普雷斯科特扮演假释委员会主席，于是也成了那个人。我犯了一个极大的错误，让自己从喜欢对各种现象进行客观分析的首席研究员变成了监狱主管。另一个错误是，我还有一间门口写着“监狱主管”的办公室。当家长来“探监”时，必须先去见“典狱长”，离开时则要见见“监狱主管”。从根本上来说，他们把我当作监狱主管对待，我也是以这个身份接待他们的。

一旦我进入监狱主管的角色，作为权威人士，无论在哪个机构里，都一定会在乎自己的员工和机构本身。你不会去在乎那些过客，比如学生、病人或囚犯。他们都是暂时的，不会永远待在这里。但老师、医生护士和狱警，他们是你的人。就这样，我转换成了主管的角色。

2007 年出版的《路西法效应》（*The Lucifer Effect*）是我第一次详细描述斯坦福监狱实验。在我和黑尼、班克斯一起写了头两篇基于实验的论文后，我在《纽约时报杂志》上发表了一篇文章《一所皮兰德娄式监狱》（“A Pirandello Prison”），这篇文章至今还在不断被引用。我在《路西法效应》中完整地讲述了自己转换成监狱主管角色的一个经典例子，即头一对家长在探访完儿子后，来到我的办公室。这是第三天之后的事了。我们有两个探访日，好像是周二和周三，还有两个假释委员会日。两位家长来见我。他们的儿子是与 8612 号一起反抗的“头目”之一。他们说：“我们从未见过儿子看上去这么可怕。”如此这般。

母亲说：“先生，我并不想找麻烦。”

她这么一说，我心里的红灯就亮了。因为除非有能力制造麻烦，否则她不会这样说的。她可能会去找教务长或系主任。于是我说：“你觉得你儿子有什么问题？”

她说：“你对他做的事情是错的。”

我再次问："你儿子有什么问题？"

这是转入权威角色的第一回合，言外之意是："我们没错。你的孩子哪里不对劲？"

她说："哦，他睡不着觉。"

我说："他经常失眠吗？"再一次，我把它归咎于个人问题，而整个研究正是有关情境的力量的。

她说："没有没有，他通常都睡得很好。他说'狱警'在夜间会随时把他们叫起来点名。"

我说："哦，那当然。'狱警'需要确保没有'囚犯'逃跑。所以点名只是一个确保所有'囚犯'都在的简单办法。这可以理解吗？"

她说："可以理解。但我不想给你找麻烦，先生。"

那时候，我心中红灯闪烁。她一定会给我带来麻烦的。我能做些什么呢？想也没想，我自动地转向了那位丈夫，他一直保持着沉默。现在，我准备打性别歧视这张牌了。

我说："你不觉得你的儿子能够应对这些事吗？他会怎么说？"

"当然。他是一个真正的领袖，是个队长。"

我站起来，握住那位丈夫的手。我说："很高兴见到你，先生。"那位瘦小的女士被挤到了一边。接着我说："希望在下次探访时再见到你们。"

他们走了出去。那天晚上，那位女士给我写了一封信，我在书里引用了这封信。信上说，她实在抱歉。然而就在那个晚上，她的儿子情绪崩溃了。她是对的！她的丈夫也跟孩子说了话，看到了孩子疲惫憔悴的脸，却被权力角色所诱惑了。这里的权力体现为男性压过母亲的权力。

在某种程度上，这些在整个故事中被忽略的小事也非常重要。"狱警"对这名"囚犯"做了非常糟糕的事情，这些事情的确证明了斯坦福监狱实验中情境所具有的力量。而在一刹那间，一个丈夫也可以和陌生人站在一起，反对自己的儿子和妻子。第二天，当我回顾自己的行为有多么糟糕，反思多么轻易就能诱惑一位父亲扮演大男子主义的角色时，感到很不安。

"囚犯"的提前释放

在第二天之后的每一天里，都有一名"囚犯"出现类似于 8612 号"囚犯"的崩溃、咆哮、尖叫、失控。他们都被释放了，送到学生健康中心。通常情况下，我会把他们带到一间安全屋里，与他们交谈，然后再送他们去学生健康中心。在周三的时候，因为家里出了些事，克雷格·黑尼不得不离开。我不记得他走了一天还是更长时间。总之现在变成了我、班克斯和贾菲 24 小时轮班。必须有人每天取三次食物，有人录像，有人操办"假释委员会"听证会。"监狱牧师"要来了，这个问题也必须有人处理。到处都是事情。我睡在二楼办公室的沙发上，"狱警"在半夜叫醒我，告诉我"囚犯"崩溃了。我真是筋疲力尽。

此时此刻，我们都处于极度紧张的状态。班克斯住在校园里，但他儿子有一些身体或心理上的问题，所以他常常突然要回家去。因此，有时只有两个人在跟进这项全天候的实验。我们真的很疲惫。回想起来，我估计自己原本会在周日结束这项研究。我撑不到第二周了。因为研究是从周日开始的，也许是为了平衡，我决定再坚持两天，不在周五结束实验，而是持续到周日。

按照计划，在第二周开始之前，我们会让没有接触过这个实验的研究生过来参观并采访所有人，“囚犯”、“狱警”、工作人员都包括在内。这样他们就能给我带来一些想法，看看第二周该做些什么，是否需要对调角色，是否改变一些实验的元素等。

其中一个参观者就是克里斯蒂娜·马丝拉奇。我们曾一起发表了一些研究。1971 年 6 月时她刚刚在加州大学伯克利分校找到了一份工作，我们在 7 月已经决定搬到一起住了，准备在旧金山一起生活，分开通勤，看看这段感情能否有结果。我们是打算结婚生子的。关于这次实验，我之前什么都没说，只告诉她这是一项探索性的研究。周四的时候，她说自己正在斯坦福大学图书馆工作，问我要不要一起吃晚饭。我说：“好啊，要不你晚上 10 点左右来地下室吧。”

她在周四晚上 10 点来了，我记得那天是 1971 年 8 月 19 日。她来到地下室，看到的基本上就是每晚 10 点时的景象：这是“囚犯”最后一次上厕所的时间，他们不喜欢在牢房里大小便，因为气味会很难闻。夜班是最糟糕的班次，“狱警”全部听从一位夜班负责人的领导，“囚犯”们叫他“约翰·韦恩”（John Wayne），因为他就像是一个残忍的西部牛仔。他会让其他“狱警”把袋子罩在“囚犯”的头上，把他们的腿绑在一起，大叫大骂，推推搡搡。

If you want to change a person, you've got to change the situation.

Dr. Z

AN ORAL HISTORY

PHILIP ZIMBARDO

如果你想
改变一个人，
就必须
改变环境。

厕所其实就在监狱院子的一个角落里。然而“狱警”们会带着“囚犯”坐电梯上到五楼，绕着走廊走一圈，再下楼，通过锅炉房，只是为了让他们搞不清监狱的布局，以防有人逃跑。这些都已变成常规做法，每晚都要来一遍。每一个晚上这些做法都会变得越来越有辱人格，羞辱和诅咒也会变本加厉。对我扮演的监狱主管角色来说，似乎这些仅仅是日程表上需要完成的一项。晚上 10 点上厕所，早上 8 点吃早餐，中午 12 点吃午餐，“假释委员会听证会”，家庭探访日，“监狱牧师”，等等。这对我来说似乎没什么特别的。我对克里斯蒂娜说：“快来，克里斯蒂娜，看这里。”

她开始哭了起来，说：“真是惨不忍睹！你哪根筋搭错了？我看不下去了，这太可怕了！”

她冲出去，我紧随其后。我们在乔丹楼前面的院子里激烈地争吵起来。

我问她：“哪里错了？你这样算是哪门子心理学家？我们还从未看到过这种对情境力量的演示，多刺激呀！”

她说：“住口。这些男孩子在遭罪。他们不是囚犯，也不是狱警，他们只是孩子，你要为他们的痛苦负责。”

我还在叫嚷着。她是一个非常安静、自制力很强的人，这是我们第一次这样争吵。她说：“你难道没有发现，你自己也被情境改变了吗？不仅是‘狱警’和‘囚犯’，你也变了。我无法理解你怎么能够任由这些事在眼前发生，却无动于衷。”突然，我们之间出现了一道鸿沟。她说：“你看不到这些东西吗？为什么我能看到你却看不到？”我还在争辩。最后她说：“如果这才是真实的你，而不是我认识的那个关爱学生的教授的话，我不想再与你有任何关系了。”这真是太戏剧化了，同时也是一种英雄主义。她是在说：“我将放弃我们的感情，放弃一辈子在一起生活的想法，除非你恢复理智。”但她从未说过“你必须终止研究”。在那一刻，我恍然大悟：“天哪！对，你说得对！”这感觉就好像是当头棒喝，让我从噩梦中清醒过来。

说说我是如何被困在角色里的吧。我从早班开始，不停地轮班倒，活动日程表都被撑爆了。我要参加“假释委员会”；我要和普雷斯科特谈事情；我要应付“囚犯”们的哭泣；我还要回去找“监狱牧师”……无尽的责任，各种琐事。最后我说：“你说得对，我明天就终止这项研究。”当时好像是夜里 11 点半，我们去凯悦里奇酒店吃了晚餐，谈到应该如何结束实验。我必须把所有轮班的“狱警”和所有崩溃的“囚犯”都召集回来，还要安排付款。我还约了一个公共辩护律师第二天上午过来。我说：“他就要来了，等他的事一结束，我们就终止研究。”有很多需要处理的细节：要找人来把我们租用的所有家具搬走；要对每一个参与者做事后解说……该怎么做？什么时间做？在哪里做？我昏昏欲睡，疲惫不堪，精神紧张。但想到斯坦福监狱实验可以提前结束，我感到如释重负。

现在再回过头来解释一下，那个公共辩护律师计划来访的原因。在实验的中途，一位曾担任监狱牧师的天主教牧师来找我写推荐信。我说：“我们做个交易吧。如果你能过来看看我这个监狱的真实性如何，我就给你写推荐信。”于是他来到了我们的地下室监狱，穿着牧师服，戴着白领。他知道这是一个实验，我把一切都告诉了他。

他坐在院子里的一把椅子上，我坐在他旁边。他说：“想见牧师的‘囚犯’可以一个个出来。”除了 819 号，所有人都出来了。819 号之所以没有出来，是因为那天下午他精神崩溃了，还没有恢复。“囚犯”们逐个出来，我们还录了像。此时，这位牧师开始进入监狱牧师的角色，而非我安排给他的角色，即评估这个监狱的真实性的旁观者。他对“囚犯”们说：“我是库格林（Coughlin）神父。你叫什么，我的孩子？”几乎每个人都说出了自己的编号而不是名字。“我是2764号。”诸如此类。

接着他问道：“你是因为什么进来的？为什么被捕，为什么进了这里？”有人回答“我不知道”，也有人照搬警察说过的话，例如持枪抢劫什么的。

然后他问了一个致命的问题：“那么，你做了哪些让自己离开监狱的努力呢？”我瞪着他，所有的“囚犯”则都看着我。然后他们问：“这是什么意思？”

“你进监狱了，而离开监狱的唯一办法就是找一个律师。你可是大学生，要机灵点儿。”这太令人惊讶了，他现在完全入戏了。

我记得其中一名“囚犯”回答：“好吧，我正在学习法律，我会对自己的案子提起上诉。”牧师说：“你知道老话是怎么说的：给自己当律师的人，他的客户一定是个傻瓜。”然后他说：“聪明一点儿。如果你需要帮助，我会在周四回来。”

当牧师问另一名“囚犯”“你做了什么出狱的努力吗，我的孩子”时，对方回答：“我什么都没做。”

“你想出去吗？”

“想，想出去。我已经受不了了！”这个囚犯说，“我有个表哥是公共辩护律师，他可以帮忙。”

牧师问：“我怎样才能联系他？”

囚犯说：“可以先找我妈妈。”那个时候没有手机。

牧师问：“你妈妈叫什么？”然后他记下了名字。

事情就这么结束了。我拉过牧师，说：“哇，你真的进入角色了。实在太有趣了。”

牧师事先没有知会我，就给那个“囚犯”的母亲打了电话，说：“你儿子在斯坦福县监狱，他希望他的表哥能够帮助他尽早获释。”

于是就有一个公共辩护律师给我打来电话，问：“这是怎么回事？”

我回答说：“这只是一个实验。”

在周五上午，公共辩护律师来了。当时还剩下 5 名“囚犯”。他把标准的书面流程完整地和“囚犯”们讲述了一遍，其中也包括他的表弟。他把所有的问题都过了一遍，并问：“你是否受到过任何威胁？这里是否有任何未兑现的承诺？是否有对基本人权的否认？”他按照那个标准清单过了一遍，最后说：“好了，非常感谢。我周一会再回来。”

“囚犯”们开始尖叫，真的是尖叫：“周一？”

他说："对，公共辩护律师周末是不上班的。"

"囚犯"们说："你不能把我们留在这里。这里太折磨人了，我们多一天也忍受不了了！你一定要帮帮我们！"

他回答："我只是个公共辩护律师。"

"囚犯"中有几个人开始流泪了。他们本以为他会说："好吧，那就跟着我，我会把你们带出去的。"

就在那时，我停顿了一下，然后说："听好了，斯坦福监狱研究、斯坦福监狱，现在正式结束。你们都可以自由地离开了。"

"囚犯"们有一瞬间的停顿，接着就是拥抱、亲吻，到处都充满了真切的快乐。在这一周里，我头一次感觉良好。斯坦福监狱实验就是这样结束的。

然而在电影里，导演认为这样的结局不够戏剧性。因为我对克里斯蒂娜说出"你说得对，我会终止实验的"这句话之后，电影就算是结束了，对观众来说那些关于终止实验的准备流程都是不相干的。公共辩护律师这一段被删去了，尽管我认为它很重要。反之，他们让我与克里斯蒂娜大吵一架，然后她就直接离开了。电影中的她从未说出类似"如果你不醒醒的话，我们之间就结束了"这样的话。

在电影里，我重新回到地下室，打开监控，看着院子里发生的事。这一段里整合了周三和周四晚上发生的各种最糟糕的事情，大约有 10 分钟时间。一个"狱警"命令"囚犯"说脏话，但"囚犯"拒绝了；"狱警"还想让“囚犯”们彼此做出有辱人格的动作。这是电影中最震撼人心的 10 分钟。

电影中，那一刻，我看着那一幕，说道：“天哪！”我关掉监控，走进院子里，向众人宣布：“结束了。”

这是一个很戏剧性的结尾，但没有给克里斯蒂娜任何赞誉，而这份赞誉是她应得的。作为斯坦福监狱实验中的英雄，她代表着唯一一个理性的声音。她相当于在对我说：“如果你不醒醒的话，我愿意放弃与你一辈子在一起的机会。”

有趣的是，后来在各类文章中，她回想当时，认为如果我们两个没有私人关系，如果是斯坦福的其他教员来征询她的意见，她一定会说“对不起，我真的没有时间涉入这件事”，然后直接离开。她说只是因为她在乎我，在乎我们的感情，才愿意冒那个险。如果是戈登·鲍尔或阿尔伯特·班杜拉（Albert Bandura）[①] 在做实验，她才不会揪着他们不放。她说：“我并不是一个英雄，我并没有对所有的邪恶都吹响警哨，只是因为那场邪恶是由你——菲利普·津巴多精心策划的。”

分享爆炸性的实验结果

我在 1971 年 8 月 20 日结束了研究。美国心理协会过去是定在美国劳动节 [②] 那天开会的。我不记得是在哪个城市了，我被安排做一场演讲，内

① 戈登·鲍尔是著名认知心理学家，阿尔伯特·班杜拉则是社会学习理论奠基者，均为津巴多的同事。——编者注

② 劳动节是美国的全国性节日，时间为 9 月的第一个星期一。——译者注

容好像是有关去个体化的研究。我提前 5 分钟结束了演讲，然后说："我想与各位分享一个爆炸性的新闻，它还从未公开过。几个星期前，我在斯坦福完成了一个不同寻常的研究，相信你们都会感兴趣。我有几张幻灯片给你们看。"我放了几张幻灯片，并进行了非常简短的解说。我描述了学生如何进入角色，又是如何崩溃的。最后我说："敬请留意我们把所有数据都分析好之后的报告。"

当我起身离开的时候，发现斯坦利・米尔格拉姆也在听众席上。之前我未曾留意到他，因为这个房间很大，而他坐在后排。他站起来，给了我一个大大的拥抱。他并不是一个情绪化的家伙，所以我对他的情感表达感到有点吃惊。他说："天哪，谢谢你！现在那些有关伦理的热议都会从我身上转移到你身上了，因为如今最违反伦理的研究是你这个，而不是我那个了。"那真是高中老友之间的美妙交流，如今我们成了情境力量研究的并列冠军。

我回答说："谢谢！"

AN ORAL HISTORY

PHILIP ZIMBARDO

第 4 章

战胜人性的脆弱面

斯坦福监狱实验的反响

斯坦福监狱实验中有一个关键。研究计划原本为期两周，我们本打算在第二周把“狱警”和“囚犯”进行对调，但我想“狱警”绝对不会同意的，而且我也知道我们坚持不到两周，因为实验太耗神了。但我原本可能会坚持到周日，做满一个星期。我根本不知道一周 7 天、一天 24 小时地进行实验意味着什么。我本应招募一个大得多的研究团队。

然而即使有一个更大的团队，也不能保证研究就会持续更长时间，不会出现更多的暴力升级。我向斯坦福人类被试研究委员会提出的一条批评就是，他们应该坚持在研究现场派驻一名监察员，某个官方人员应该更早地吹响警哨。显然，当第二个“囚犯”崩溃的时候，研究就应该被强制结束。如果在周四晚上，克里斯蒂娜·马丝拉奇没有介入，让我决定在周五终止研究的话，我很可能会把实验一直进行到周日。但是如我所说，无论是从心理上还是身体上，我都知道自己已经坚持不下去了。

实验结束后，我们花了 6 个小时进行事后解说——两个小时对“囚犯”，两个小时对“狱警”，接着再把所有人都召集到一起。我得以说道：

“这是一次进行道德再教育的机会。我们都做了一些坏事，尤其是我。”我陈述了因为自己没有更早结束研究、没有更早介入而感到的愧疚。我一直限制“狱警”使用体罚，却没有限制他们使用心理惩罚，而从某种意义上来说，心理惩罚其实更加恶劣。我继续说道，虽然也有几个“好狱警”没有虐待“囚犯”，但他们从未做过任何事情来减少其他“狱警”施加在“囚犯”身上的痛苦。有些“囚犯”没有崩溃，但他们也从未安慰过崩溃的“狱友”。我说：“因而，从某种意义上，我们都做了坏事。但这并不能说明我们作为个体的本质，因为你们每一个人都是我们精挑细选出来的，选择标准就是你们正常、健康，在很多方面都很突出。我愿意相信自己也是这样的人。”

所有这一切非常显著地揭示了情境的力量：社会环境足以改变每个个体的人格和社会行为，其力量之大在这项研究之前是从未见过的。我说：“我们每个人就是例子。这项研究所传达的意义是，我们应当意识到在情境的力量面前，我们都是脆弱的。”能够花时间来分享这个信息，让我感觉很好。两周之后，我们把尽可能多的研究参与者请了回来，因为在当时，处理录像需要花去几周的时间。那时的录像带是 16 毫米的安培胶片，我们在演示之前还要编辑幻灯片和剪辑录音。一个月后，大约有 6 位参与者再次被找回来，因为《年代记》（*Chronolog*）对该研究进行了报道，这个节目是《60 分钟》（*60 Minutes*）的前身。一个摄制组来到斯坦福的地下室和我的实验室，对我、几名“囚犯”和“狱警”进行了拍摄。后来节目播出了，那时大约是 1971 年 10 月。

就在 1971 年 8 月 20 日——研究结束的第二天，在圣昆廷（San Quentin）监狱发生了一次囚犯暴动。据说是非裔美国人、政治活动家乔治·杰克逊（George Jackson）策划了 6 个单独监禁的狱友越狱。他有一支枪、一把钥匙，释放了单独监禁的囚犯们。他们杀害了几名狱警，还杀害了被单独监禁的囚犯中的几个告密者。据说后来杰克逊试图逃跑，在大白天攀爬一座 9 米多高的围墙时被射杀。这件事成了热点新闻，而圣昆廷监狱的典狱长帕克斯（Parks）在当晚接受采访，有一个记者问："这是否跟囚犯的去个体化有关，就如同那个斯坦福实验里发生的那样？"他说："不，那些都是胡扯！他们根本不知道自己在说什么。"

《年代记》的一位通讯记者正好看到了那则新闻，于是联系了我："嘿，你有录像吗？"我回答说："当然有。"于是在那个 10 月，节目中播出了一段 20 分钟的录像，题为"819 号做了一件坏事"，呈现了"狱警"强迫"囚犯"们反复统一喊叫的情景，担任旁白的是大名鼎鼎的克里夫顿·加里克·厄特利（Clifton Garrick Utley）。我们一炮而红。

另一件事情发生在 8 月 20 日的三个星期之后，在纽约的阿蒂卡（Attica）监狱，囚犯们由于乔治·杰克逊被杀而暴动了。他们差不多占领了那所监狱，时间长达一个多月，这件事成了国际新闻。

名流们也卷入此事，最后，纽约州州长纳尔逊·洛克菲勒（Nelson Rockefeller）动用州警，几乎杀死了围墙内的所有人，无论囚犯还是狱警。监狱成了热门话题，我受邀前往华盛顿，向参议院司法委员会提供证言，还去了旧金山。我对监狱一无所知，那些人感兴趣的是我所使用的策略。圣昆廷的典狱长、阿蒂卡的典狱长、囚犯联盟的领袖、狱警联盟的领袖，这些人都熟知监狱，而我却一无所知。我只是从社会心理学方面解释了情境的力量。我说："如果允许的话，这里有一些有关我的实验的幻灯片，可以先做个铺垫。"在看了幻灯片之后，每个人都接受了我的观点。

从头到尾，人们说的都是"正如津巴多监狱里的'狱警'所采取的去个体化行为"，他们不说是斯坦福监狱，也不说是实验。感觉太棒了。我

津巴多教授的祖父母菲利普·津巴多和薇拉·津巴多。教授的名字菲利普就是以其祖父命名的。1903 年，他的祖父母从西西里岛的巴勒莫移民到了美国。这张照片摄于 20 世纪 50 年代。

1957 年，津巴多教授的父母乔治·津巴多和玛格丽特·津巴多在一次正式家庭活动中跳舞。

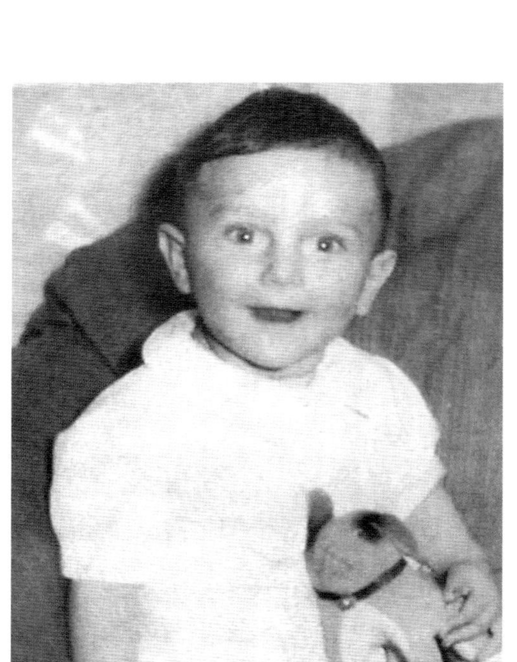

1935 年，2 岁时的津巴多教授。这是他小时候的第一张照片。

1936 年，3 岁的津巴多在纽约城市花园。

津巴多教授的兄弟姐妹们。时间是 1942 年，津巴多教授（右三）当时 9 岁，和弟弟唐纳德摆出拳击的姿势。照片右侧是他的弟弟乔治和妹妹薇拉，左侧是三位表亲柯蒂斯、马克和埃莉诺。

1944 年，津巴多家的一场家庭音乐会。津巴多教授在弹吉他（照片最右侧）；他左边是拉小提琴的弟弟乔治，弟弟唐纳德和妹妹薇拉在跳舞；最左侧是吉米叔叔和海伦婶婶；菲菲阿姨带着还是婴儿的表妹埃莉诺坐在钢琴前。

1945 年，在纽约布朗克斯，津巴多一家人穿戴整齐前往教堂。从左至右依次是：津巴多教授（后排最高），弟弟唐纳德（前排左侧），弟弟乔治（后排右侧），妹妹薇拉（前排右侧）。

1952 年，津巴多教授和他的“布朗克斯小分队”在纽约。他的朋友形形色色，有爱尔兰人、西班牙人、犹太人、非裔美国人和意大利人。他们会一起去看电影、喝酒、在周围闲逛。

1947 年，一家人从纽约搭乘飞机飞往洛杉矶。津巴多教授在最左侧，然后依次是弟弟乔治和唐纳德，以及靠近飞机舱门的母亲玛格丽特和妹妹薇拉。

1950 年，津巴多教授在布鲁克林学院担任校田径队的队长。

1954 年圣诞节期间，津巴多的家人在布朗克斯合影。津巴多教授是左起第二个，最左边是弟弟乔治，右边是弟弟唐纳德和妹妹薇拉。

1954年，津巴多教授从布鲁克林学院毕业时的照片。

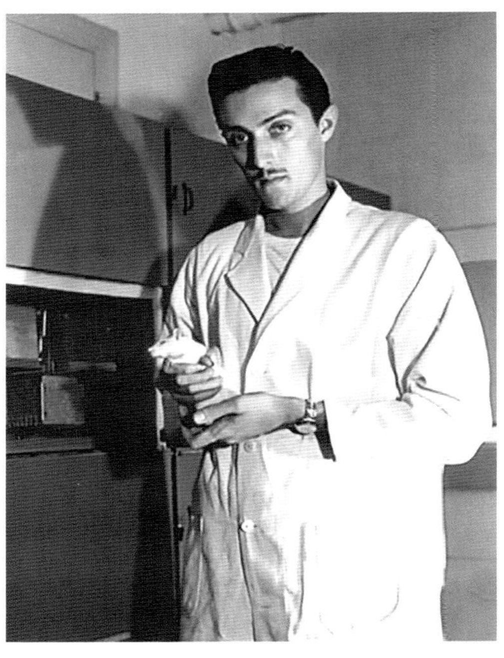

1955 年，津巴多教授在耶鲁大学实验室。他当时是耶鲁大学的研究生，在实验室里对大鼠进行了各种测试。

1959 年，津巴多教授从耶鲁大学毕业，获得哲学博士学位。妹妹薇拉和他分享了这特殊的时刻。

20 世纪 60 年代晚期，津巴多教授成为一个民权运动的积极分子。

1962 年，津巴多家族三代同堂：津巴多教授、他的父亲乔治和儿子亚当。

1970 年炎热的夏天，津巴多教授在凌乱的家中办公，埋首写作。

1972 年，津巴多教授和新婚妻子克里斯蒂娜·马丝拉奇·津巴多的结婚照。

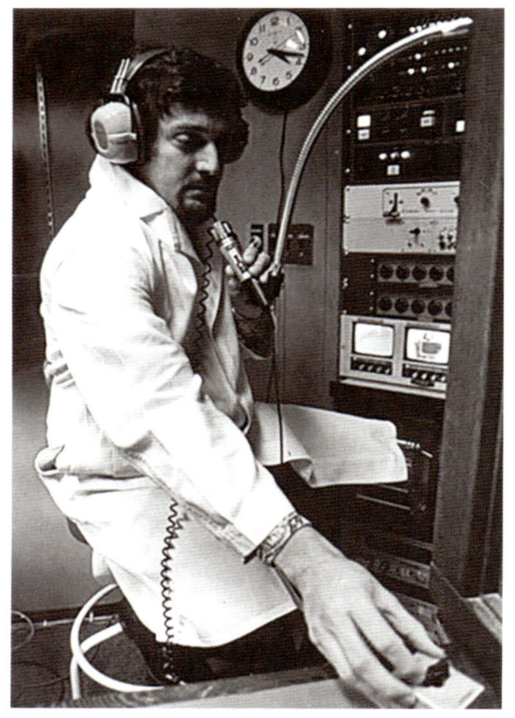

1972 年，津巴多教授在新实验室里调配仪器。

1973 年，津巴多教授在加利福尼亚州大苏尔，开着自己的奔驰 380 SL。这是他买的第一辆车，在此之前，他一直只骑自行车。虽然这是一辆二手车，但也是经过了一番辛勤工作才买到手的。

1975 年，津巴多教授在筹划反越战抗议。

1978 年，津巴多教授和 2 岁的女儿扎拉在夏威夷度假。

1980 年，津巴多教授在斯坦福开办害羞诊所。他位于照片的后排。

1989 年，津巴多教授参与拍摄《探索心理学》系列电视片。

2008 年，津巴多教授完成以“普通人如何变成魔鬼或英雄”为主题的 TED 演讲之后。

津巴多教授为自己的非营利性组织“英雄想象项目”做宣传。

2012 年，津巴多教授成了“熊猫”小菲利普和“小兔子”维多利亚·利的爷爷。

2013 年，津巴多教授在斯坦福小教堂重述婚誓。照片中从左到右依次为：津巴多教授的儿子亚当、女儿扎拉、妻子克里斯蒂娜、教授本人、女儿塔尼娅、弟弟唐纳德。

津巴多教授和斯坦福同事阿尔伯特·班杜拉教授合影。

津巴多教授进行斯坦福监狱实验时的样貌。

津巴多教授和演员比利·克鲁德普合影。克鲁德普在 2015 年的好莱坞电影《斯坦福监狱实验》中扮演了津巴多教授。

2016 年 4 月，津巴多教授在中国爬长城。

2016 年 4 月，津巴多教授受邀来到中国多所大学访问。这张照片摄于浙江南浔古镇。

2016 年 4 月，津巴多教授到访北京湛庐文化，湛庐的员工们作为他的“粉丝”举着人形板合影。教授亲自拍摄了这张照片。

2019 年，津巴多教授在旧金山的家中，坐在他最喜欢的椅子上，与孙子“熊猫”小菲利普和孙女“小兔子”维多利亚·利在一起。

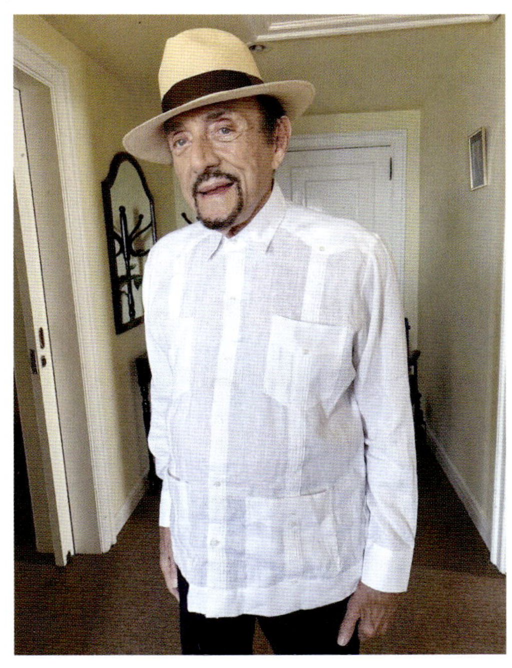

津巴多教授的近照。摄于 2019 年 7 月，他即将前往古巴哈瓦那参加一场心理学会议。

2019年，津巴多教授和这本口述史的采访者、斯坦福历史学家丹尼尔·哈特维希的合影。

2019年，津巴多夫妇和《津巴多口述史》中文版的出品人及译者在他的家中。最前方为津巴多教授，第二排左侧为本书译者童慧琦女士，右侧为湛庐文化董事长韩焱女士，后面则是教授的妻子克里斯蒂娜·马丝拉奇·津巴多。

给出了一份书面证词，列出了我对监狱改革的建议。这份文件我还留有存档。

然而，这一切并没有推动任何有意义的改革。如果有什么值得一提的，那就是到了 2016 年，美国的监狱系统里已有超过 200 万的囚犯服刑，这真是一件悲哀的事。在 1971 年时，这个数字大约是 70 万，已经令我很吃惊了。美国是一个监禁之国。我在加州大学戴维斯分校法学院参加过一次会议，有一个人说在洛杉矶县监狱里关着两万人，大部分都是少数族裔，也就是西班牙裔和非裔。他们遭到逮捕，等待审判。由于案件大量积压，很多人甚至要在监狱里等上三四个月。牢房人满为患，有些两人间里住了 10 个人乃至更多。系统崩溃了。没有人真正关心这个问题，人们在乎的只是监狱系统的运营每年需要花费纳税人几十亿美元。

更糟糕的是，现在很多州正在把监狱系统私有化。那样的监狱是要营利的。一座用于营利的监狱需要的是很多的“客户”，也就是很多的囚犯。监狱所有者向法官和立法机关施压，让他们做出更多、刑期更长的判决。监狱里的伙食很差，活动也极少，因为不想浪费钱。境况真的非常令人难过。

管理者简单地认为，狱警理应掌握自身所处的情境、学会应对随时随地都有可能被囚犯杀死的那份恐惧，却从未考虑过设立一个奖励系统。譬如，可以由每个狱警负责几名囚犯，如果他们每天表现良好，狱警就能获得奖励。这样一来，狱警想要的就是让囚犯表现出好行为，而不是去惩罚他们的坏行为了。

很多简单的理念就是无法进入任何监狱系统，因此，我对自己的理念是否足以对美国司法矫正体系产生影响信心不足。然而，我也知道自己的研究在很多监狱和军队中都有所应用，用于讨论情境的力量，比如军队中的 SERE 项目（Survival, Evasion, Resistance, and Escape，即“生存、躲避、抵抗、逃脱”）。每一支武装部队都有逃脱计划这堂课，一些士兵扮演试图逃跑的俘虏，另一些扮演狱警。他们会观看我制作的纪录片《沉默的愤怒：斯坦福监狱实验》（*Quiet Rage: The Stanford Prison Experiment*），以此作为警示：尽管是在做游戏，人们也有可能越界。事实上，在某些案例中，人们的确会虐待“俘虏”。

这个项目是在一次战争结束后启动的，因为据说当时有很多被俘的美军士兵泄密了。按照军队的规定，他们除了名字、军衔、编号以外应该什么也不说，但据传，空军中真的有些人泄露机密。因为这件事，美国出台了一项国家法律，所有军事机构都必须设立一个项目，训练陆军、海军和空军士兵严守机密。士兵们会在项目中进行角色扮演，模拟一场非常逼真的审讯。显然，在有些案例中，他们越过了界限：在这场“游戏”中，一些女兵险些遭受性虐待。

对斯坦福监狱实验，我从同行那里并没有得到什么即时的负面反应，因为我只写了几篇专业文章。我写的第一篇文章《一所皮兰德娄式监狱》发表在《纽约时报杂志》上。路伊吉·皮兰德娄（Luigi Pirandello）是一位西西里作家，他提出人可以制造一个幻觉，并让它成为现实。我并没有把自己的研究写成一本书，因为我认为不值得。对我而言，这只是一个有关情境的力量的例证。斯坦利·米尔格拉姆在《服从权威》（*Obedience to Authority*）一书中展示了一个个体改变另一个个体的力量，而我想表明的是：不，还不止如此。这是一个机构，一种环境。在这种环境中，许多人只是在扮演着一种角色，并没有人说要惩罚别人或做坏事。

因为他的电影，米尔格拉姆曾经受到很多批判。米尔格拉姆一直想做个电影制片人，后来也的确做到了。在完成研究之后，他几乎立马就制作了纪录片《服从》。在影片中，痛苦表现得非常直观。我觉得这就是问题所在。观众们看到有人痛苦地说着“我不想继续下去了”，而权威却说“你必须继续”。我觉得他的电影比实验本身激起了更多伦理批判。而我并没有受到这样的待遇。

研究结束后，发生了两件事情。许多心理学家与我联系说：“如果我能对你的‘狱警’进行正念训练，他们肯定就不会那样做了。”而实际上，我真的向斯坦福人类被试研究委员会提交了一个申请，想要再做一次实验。原先的那个实验可以作为控制组，我们想再设置两三种实验条件，让心理学家用一些方法训练“狱警”，使他们的行为更人道。这个研究的重点在于，我们可以消除斯坦福监狱实验中得到的那种负面结果。

人类被试研究委员会问：“你能确保结果一定是这样吗？”

我说：“不能。如果结果是一定的，那就用不着做实验了。”

他们说：“那么我们不能允许实验。”

这真令人难过。这个实验的目的就是要看看：你是否能够训练“狱警”，让他们不向情境的力量屈服。这真的很重要，但斯坦福人类被试研究委员会不同意进行实验。

在米尔格拉姆和我的研究之后，斯坦福和其他所有研究机构都变得格外保守。所有对参与者，特别是学生参与者施加压力的研究都被禁止了，于是大量的行为学研究都做不成了。更加糟糕的是，近年来，很多社会心理学家会给出假想的场景：想象你是一个狱警，你会做出 A、B、C、D

中的哪种行为？首先，我们知道那并不能代表你在那个情境中实际将会做什么。除非身临其境，你怎么能知道自己会做什么呢？然而即便那样，实验者也不允许提出可能引发痛苦的问题。譬如，如果我在进行宽恕方面的研究，被试是一位女性，我问："想象一下你被性虐待，而我们抓住了虐待者，在哪种情况下，你会愿意宽恕他？比如他这么说，或者那么说。"这样做是不允许的，因为要一个女性想象自己遭受性虐待会导致痛苦。也就是说，现在有整整一个研究领域、整整一个心理探究的方向都被剔除了，你甚至不能让人们去想象，更不用说让他们置身其境。

另一个问题是，如今心理学的很大一部分发展成了神经心理学，一切结果都在大脑里，因而排除了对情境的关注。我们只关心人的脑子里发生了什么，常见的研究方式是把人放在功能性磁共振成像仪中。很多研究者把关注点从人性的基本问题转向了大脑，去理解大脑是如何阐释情境的。

开办害羞诊所

监狱研究衍生了三件事，首先是有关害羞的。研究结束后的第二年，在心理学入门课上与学生们讨论这项研究时，我说："你们为什么会关心这个实验的结果呢？你们当中有多少人打算成为囚犯？"没人有此打算。"有多少人打算当狱警？"同样没人。"但是，如果思考一下这项研究所传达的信息，你们所有人在心理上都是囚犯或狱警。有些人会使用自己所拥有的权力来控制他人：在传统的家庭关系中，通常父亲是狱警，母亲是囚犯；在那个时代的恋爱关系中，通常男方是狱警，女方是囚犯。这个实验只是对权力和支配服从的隐喻。"

我接着说："你们能想到一种人，既是约束囚犯自由的狱警，同时也是那个不情愿地屈服的囚犯吗？我觉得害羞就属于这种情况。没人让你去害羞。你说：‘我是一个害羞的人，因此我没法回答问题，也没法与异性主动交流，没法要求老板加薪，即使那是我应得的。’害羞实际上是一种自我强加的心理监狱。在这个监狱里，你限制了自己的言论自由、社交自由，就好像在遵守内心狱警的规则一样。你讨厌害羞，因为你知道自己有能力、有天赋，不比任何人差，但就在你说‘我不行，我做不到’的那一刻，你的自尊心会丧失，因为你知道，在你的真实能力和通过行动向世界展示你最好的一面之间，存在着一条鸿沟。”

当我讲完这番话，几个学生走过来说：“我们确实非常害羞。从来没有人讨论过这个问题。您能给我们一些参考资料，让我们对此有更多了解吗？”

我说：“恐怕不行。我对此也知之甚少。我本人并不害羞，从来没有害羞过，也没有研究过它。这只是一个比喻。”接下来我又说：“好吧，你们回去做一个文献检索，我会与其他人分享，然后整理成一次讲座。”

下一次课上，他们说：“目前并没有对青少年或成人害羞的系统研究。”心理学中对害羞的研究都是关于儿童的，人们只研究了儿童的害羞，研究年龄到 12 岁为止。当孩子上了中学以后，害羞便不再是一个问题了。老师通常会在成绩单上写下“在学习和玩耍时与同学相处融洽”之类的话。到了那个年龄，老师假设孩子已经不会再害羞了。但我知道事实并非如此。

接下来，我组织了一个不计入学分的关于害羞的晚间研讨班。有十几个心理学入门课上的害羞的学生定期来参加。当他们在第一个晚上首次到来的时候，我说：“关于害羞，你们想知道哪些内容呢？”他们提出了一些问题。我说：“很不幸，我们之中没有人是这一问题的专家，所以你们必须自己成为专家。”

每个人都要对 10 个熟人进行访谈。我们设计了一系列问题：你害羞吗？你有没有害羞过？害羞对你意味着什么？它怎样限制了你？你做过哪些事来克服它？学生们收集了所有这些信息。每个学生调查了 10 个人，所以一共有 120 份数据。令人惊讶的是，接受访谈的所有学生中约有 40% 表示：“我认为自己现在是一个害羞的人。”这可是在斯坦福大学呀，怎么可能呢？有 40% 的受访者表示：“我曾经害羞，现在已经克服了这个问题。”15% 的人说：“我在某些情况下会很害羞，比如相亲时，母亲让我在亲戚面前表演时，被迫做一些自己毫无准备的事情时。”把以上这几类人的比例加起来之后，你会发现，访谈过的所有学生中只有 5% 现在并不害羞，而且从来都不害羞。害羞是常态，不害羞才是例外！这绝对是一个惊人的发现，激发了我的研究兴趣。

我对自己说：“天哪，我们一定要研究一下这个问题。”然后我对学生们说：“你们有谁对担任研究助理感兴趣吗？我会开一门关于害羞的正式课程，你们可以来做助教和研究助理。”大概有 6 个人确定参加。我搞到了一笔研究害羞本质的经费，我们开始进行调查研究、实验研究和国际研究，并开启了“斯坦福害羞研究项目”，收集了很多资料。

四五年之后，这些如今已经十分精明的本科生对我说：“我们已经对害羞有了很多了解。为什么不设立一个害羞诊所来帮助那些害羞的学生呢？”我很赞同。于是我们打出了广告：“害羞会让你觉得困扰吗？请拨打这个号码。”有 20 多个学生报了名。我们告诉他们，这是一家免费诊所，是实验性质的，因为我并不是临床心理学家，但我将与教育学系的学生莉萨·巴特勒（Lisa Butler）一起工作，她正在接受临床心理学方面的训练。我们打算进行团体治疗，分为三个小组。我们告诉每个小组的成员：“我们将做一件我们认为有助于缓解害羞问题的事情，然后比较治疗前后的差异，以及不同治疗方法之间的差异。”

对于第一组，我们将帮助他们培养社交技能：如何开始交谈，如何进行眼神接触，如何解读他人的非言语行为等。对于第二组，我们将关注他们头脑中的认知对话，训练他们消除所有那些对自己的负面评价。第三组关注情绪和生理问题，如脸红、感到痛苦、身体紧张。我们为这三个小组分别开发了不同的治疗技术。最终一切顺利，每个小组的成员都有了显著的进步。

最初我们只治疗学生，第二年则开始治疗教职员工。然后我遇到了在帕洛阿尔托大学取得临床心理学博士学位的琳内·亨德森（Lynne Henderson），她就读时那里还被称为“太平洋心理研究院”。她对害羞这个主题很感兴趣。我说：“好呀，不如你去办一个社区诊所吧。”于是我们就开始了行动，由她负责这个诊所。我们还建立了一个害羞研究所，用于培训治疗师如何应用相关技术。

后来我写了一本书，《不再害羞》（*Shyness: What It Is, What to Do about It*）[①]。同时，我也在与一位名叫雪莉·拉德尔（Shirley Radl）的女士一起工作，她是同幼儿及其父母打交道的。她对家长能够为害羞的孩子做些什么很感兴趣，而我那本有关害羞的书中的实验及报告都是基于青少年和成人的。后来我与她合著了两本书，一本是有关害羞的家长指南，另一本关于如何预防害羞，两本都很畅销。这些关于害羞的书卖出了几十万册。我在全国性的媒体上进行宣传，出现在《今日秀》（*Today Show*）和《20/20》等节目上。

---

①《不再害羞》中文简体字版已由湛庐文化引进、北京联合出版公司出版。——编者注

Shyness is really
a self-imposed
psychological prison.

Shyness is the norm.
Not being shy is the
exception!

Dr. Z

AN ORAL HISTORY

PHILIP ZIMBARDO

害羞实际上是
一种自我强加的
心理监狱。

害羞是常态，
不害羞才是例外！

令人惊奇的是，在40年之后，害羞诊所依然在帕洛阿尔托大学的格罗诺夫斯基中心（Gronowski Center）里运作着。这是斯坦福监狱实验的一个不同寻常的衍生。对我来说，这是我所做的最重要的事：拥有一个原创的想法，去考虑各种不同的研究来支持它，接着把研究转化为应用，然后去展示该应用真的可以让害羞的人变得更加大方、更有效率。

据我所知，我们的诊所至今依然是唯一一家专注于害羞问题的诊所。有一些诊所会应对社交恐惧、社交焦虑等，但对我来说，这个问题就叫害羞。害羞才是日常用语。我对自己的贡献十分满意。

时间心理学

从监狱研究衍生出的第二件事情是对时间观的聚焦，因为我们所有人的时间都是被扭曲的。监狱里没有窗户，也没有钟，无法知晓现在是白天还是夜晚。每个“狱警”值班8小时，那就几乎是一天了。一个“狱警”下班，另一个“狱警”上岗。每个人都会长出一口气，说：“结束了。”那么接下来是什么呢？很显然，时间被扭曲了。

还有，当我们窃听牢房，听“囚犯”们在谈论些什么的时候，他们没有一个人谈论过去，也没有人谈论两个星期后会做什么。他们只聚焦在当下。当下是消极的，他们这样做则让当下的处境变得更为糟糕。这让我想到了时间观的概念，以及它是如何让我们根据时间片段来组织生活的。我开始进行时间观的研究，最终制定了津巴多时间观量表。这有点奇怪，因为我其实是一个强调情境而不是量表的人。

1999年，我的研究生约翰·博伊德（John Boyd）和我发表了这一量表，它成了在世界范围广泛应用的信效度最高的量表。现在，国际时间观网就是围绕着这个量表来建构的，它还有经过修订的儿童版，并已被翻译成 24 种不同的语言。我们正在研究不同国家时间观的差异。每两年，我们会举办一次国际性会议。第一次大会在葡萄牙的科英布拉召开，然后是波兰的华沙、丹麦的哥本哈根……每次会议都有几百人出席，大多数是年轻的研究生，但现在也有治疗师。这些都是业内人士。所以我又一次真的感到非常骄傲。

警惕精神控制

监狱研究带来的第三件事，是对精神控制研究领域的兴趣。因为很显然，那些“狱警”的心理被改变了，把自己当成狱警，这个角色就是要霸道、虐待、掌控，于是他们就变成了有创意的魔鬼。这让人联想到 20 世纪 70 年代兴起的邪教，比如锡南浓村（Synanon）、文鲜明的统一教（Moonie），以及其他很多邪教，还有琼斯镇（Jonestown）惨案。有一个与我很熟的年轻人，他的家人就是在琼斯镇被杀害的。还有一个叫黛安娜·路易（Diane Louie）的人是从琼斯镇逃脱的。当他们归来之后，我与他们密切合作，提供咨询，后来还为琼斯镇的大屠杀给出了证言。

我在斯坦福的一些学生也投身其中，主要是研究生，负责收集数据。苏珊·安德森（Susan Andersen）和我一起收集了有关精神控制的数据。我开了一门课叫“精神控制的心理学”，把邪教组织曾经的招募者请到课堂上提供案例，甚至还找来了那些支持和反对堕胎的人参与课堂讨论，我想这很可能是全美第一门关于这一主题的课程。学生们有一个任务是被招募到统一教营地待一个周末，并撰写报告。我一直记不住那个地方，应该是在加州北部吧。这门课开了好几年。

我和一个名叫罗丝·麦克德莫特（Rose McDermott）的研究生写了一本案例集，并在工作中使用。其中提到了一个曾经被我们邀请到课堂上的人，叫史蒂文·艾伦·哈桑（Steven Alan Hassan），他曾在统一教中地位很高。他是在学校里被两名年轻女郎招募的，后来在教中升到了相当高的位置。直到有一次他在医院里疗伤，被父母绑了回来，这才幡然悔悟，打破了精神控制。他变成了一个对抗邪教的反洗脑者，还写了全美最早的几本对抗邪教精神控制的书。他来到我们的课堂上讲课，自此以后，我便和他走得很近。他运营着一个网站，聚焦于精神的自由。

我的这门课有着非常积极的影响，告诉人们精神控制可以达到何等程度。当时我们还讨论了媒体的精神控制。譬如在那些日子里，烟草公司为了吸引孩子吸烟做了各种事情，包括节目、游戏、广告，还有创作推广骆驼老乔[①]（Joe Camel）这样的角色等。这门课揭示了精神控制的多个层面，而不仅限于邪教招募。就这样，一个小小的斯坦福监狱研究衍生出了对害羞和时间观的研究，也让我们进行和发表了一些对邪教精神控制的研究。

普通人是怎样变“疯狂”的

在20世纪70年代，美国文化经历着极大的变化，我的研究或许也折射出了当时的文化。但对我来说，很难把这些影响区分出来。早在耶鲁的时候，我就一直对“说服”的心理学感兴趣。我也一直很关心社会交往的影响，想找出在哪些情况下人们会加入组织或领导组织。我一直继续着这方面的工作。至于20世纪80年代，我恐怕要查一下自己发表论文的列表，

① 1988年，富诺烟草公司推出的卡通人物。有研究发现20世纪90年代初，美国儿童对骆驼老乔的认知度甚至比米老鼠还要高，因此这一人物受到了民众的强烈抨击。——编者注

才能搞清楚我都在做些什么。我从同事那里得到的一个批评就是，我太“包容”了，其实就是说我太肤浅了，对每件事情都感兴趣。通常，我先是对某件事有了兴趣，于是在课堂上提到，学生们会说：“嘿，我们也很感兴趣，为什么不细致地研究一下呢？”然后它就突然变成了研究课题。

我记得我教了一门有关癫狂（madness）的心理学课程。虽然我不是临床心理学家，但很多癫狂也并非传统意义上的临床问题，而是来自社会现象。在斯坦福监狱研究中，很多被试都“疯”了。在临床心理学上，一直都认为发疯和精神扭曲是有易感性的。我提议，让我们摒弃那个假设，转而假定每个人都有可能发疯。任何人都有可能在某个时间点一切正常，而在另一个时间点则符合了偏执（paranoia）的所有诊断标准。问题在于：为什么会这样？这是怎么发生的？我们应该看看在哪些情况下，一个普通人会开始呈现出偏执症状或神经质的症状。我聚焦于所谓的“不连续性”（discontinuity）。那是一种对期待的违背：原本生活中熟悉的一切，突然变得不合时宜了，于是激发了对理解的探寻。这是一个再正常不过的心理过程。为了寻求理解，你就需要一个解释，首先是对自己解释，接着还要提出一个能够被他人接受的解释。

有些时候，那个触发不连续性的因素在你自己身上。想象一下你在慢慢失去听力，这被称为“传导性耳聋”，如果你在爆炸时离得很近，或者患有一些疾病，都有可能出现这种症状。现在的问题是，别人在讲话，而你听不清他们在讲什么。好吧，你很困惑，试图去理解这一切。但你不知道问题其实出在自己的听觉上，于是认为是别人在耳语。那么为什么他们要耳语呢？肯定是有事想瞒着你。如果你问他们为什么要耳语，他们会怎么回答呢？他们会“撒谎”说：“我们没有啊！”因为事实上，他们的确没有。接着，你就会编出一个理由，来解释他们为什么要耳语和撒谎，一定是对你带有某种恶意。他们也许只是在计划一个惊喜生日聚会，但你的生日是在半年后，或者刚刚已经过了，又或者你过生日时根本不会在这里。这都没有关系，重要的是现在你开始设想一些他们打算对你做什么坏事的情境了。所以我提出这样一个假设，偏执可能始于无觉察的轻度耳聋，由此人们假定别人在低声议论自己，然后发展出一些妄想性思维来解释自己正在经历的事，这就是偏执思维的开始。

为了印证这个假设，我和苏珊·安德森在斯坦福做了一个有趣的实验。安德森当时还是个研究生，现在已经是纽约大学临床心理学的教授了。我总是会在心理学入门或社会心理学课上做个催眠演示。我们通常会挑选一组量表得分最高的学生，对他们进行深度训练。有些人易感性非常高，只要我做一个动作，比如把手抬起来，他们就会进入催眠的恍惚状态。可能的确只有一小部分人是可以被催眠的，但我总能找到一些这样的学生，我让他们加入了我的偏执研究。

实验组由三人构成，其中两人是实验者的同谋，我告诉实验组的学生们，这是一个有关团体信息加工和个体信息加工的研究。他们来到我位于乔丹楼的实验室里，由安德森介绍当天的任务：“我们想研究人们作为一个团队和作为个体分别是如何工作的。所以，有时候我们会告诉你们一起工作，有时候会让你自己工作。现在我会离开这里。所有的指示都会以视觉的方式呈现给你们，我现在去检查一下幻灯片。”

头一张幻灯片上写着“注意”这个词。这是让三人中那个可以被催眠的人进入催眠状态的暗示。我们假设他进入了催眠状态。催眠后的提示是：“当别人在当着你的面交谈时，你很难听清他们在讲什么。听上去他们好像在耳语，你不理解他们说了什么，但是试图去理解他们的意思。”

仅此而已，没有任何消极的暗示。研究开始，一系列问题被呈现在屏幕上，被试先是独力解决问题。接下来的指导语是：“现在希望你们作为一个团队来工作。”两个实验者同谋开始谈论他们在兄弟会上遇见的一个家伙，那人特别傻气，然后他们大笑起来。而那个真正的被试听不到他们在讲什么，只看到他们在嘲笑某个人，很可能就是他自己。接着两人问他：“你想加入我们小组吗？”这是一个测量数据，即被试是否想要和其他两人在一起。

当然，这个实验还有控制组，也叫对照组，那里的被试和实验组的被试来自同一个班级，有着相同的催眠易感性。他们被告知:“当你看到‘注意’这个词的时候，将进入催眠状态，它会让你的耳朵发痒，当你挠耳朵时，瘙痒就会消失。”

因而在两种实验条件下，催眠影响的都是耳朵，但显然，一个关注社会性，另一个则关注个人身体方面。研究结束时，我们让被试做了标准的精神疾病量表，其中包括一个偏执量表。在短短 30 分钟里，那些正常、健康、通常有着正常听力但进入了催眠诱发的耳聋状态的大学生，在标准偏执量表上的得分显著更高，达到了与存在临床偏执症状的病人相当的程度。

研究结束，我们说：“到此为止了，你们听到和经历的所有事情都仅仅是实验操作。”催眠状态被打破了。当然，我们对两种条件下的被试都进行了事后说明。这个研究发表在《科学》上，这是一本顶级的科研期刊。

这是一个非常有趣的演示，通过创造性的研究展示了一个尚无人论及的人类基本问题：一个听力正常的人是经由怎样的过程变得偏执的，应该如何治疗？要我说，他们并不需要心理治疗，只需要一副好的助听器！

AN ORAL HISTORY

PHILIP ZIMBARDO

第 5 章

用心理学改变世界

策划《探索心理学》节目

20世纪80年代，我又开启了另一个大项目，那就是《探索心理学》系列。这是一个26集的心理学节目。事实上，在某种意义上，这可能是我在教导世界有关心理学的价值和激动人心之处时所做的最重要的事情。制片方是制作了美国黄金档科学类节目《新星》（*NOVA*）的波士顿公共电视频道（WGBH）。他们联系我说："我们想做一个有关心理学的系列节目，因为我们相信心理学很重要，而现在媒体上唯一的心理学内容只有弗洛伊德和大脑。我们觉得在这两极之间应该还有很多东西。"

我说："那当然。"

他们说："我们想找个人来帮助我们开发这个系列，并担任解说。我们会对您和其他几个人进行面试。"

我将和马丁·塞利格曼（Martin Seligman）[①] 以及其他几个举国闻

① 马丁·塞利格曼是积极心理学之父，他的幸福经典系列《真实的幸福》《塞利格曼自传》《认识自己，接纳自己》《活出最乐观的自己》《教出乐观的孩子》中文简体字版均已由湛庐文化引进。——编者注

名的心理学家竞争，他们都在教授一些重要的心理学课程。电视台把这些人派到东部不同的大学。他们把我派到斯沃斯莫尔学院（Swarthmore College），我在那里讲了几堂课，他们坐在下面看我如何讲课、如何与学生互动。最终我赢得了这份工作。

然后他们说："好，现在您的工作是帮助我们从美国国家科学基金会申请到一笔经费，然后帮助我们写脚本。"事实上，电视台想要的是一个类似于《新星》的系列片，每集 1 小时，共 12 集，主要面向成人教育。而我想要的是用于课堂的素材，因此每集最多 50 分钟。我对他们提议，把节目做成每集 30 分钟的系列讲座，我会围绕心理学中的各个主题来组织和讲演，一共 24 集。这样老师可以每节课讲一个主题，然后留 25 分钟时间来讨论。而且在讲课的时候，我不想放弃 30 分钟的时间，只让学生们看录像，因此我想把每一集分成几段，每段 5 ～ 6 分钟长。他们被我说服了。

最终，我们又增加了两集节目，使得总长达到了 26 集。我们从美国国家科学基金会拿到了 200 万美元。我写了脚本，包括有关心理学的一切。"Z 博士"会讲到心理学入门、研究方法、发展心理学、认知心理学、神经心理学、社会心理学、人格，等等。我向斯坦福请了两年的假，专门做这份工作，结果一共花了两年半的时间。工作强度非常高。每一集，我都要写出 20 ～ 50 页的文本，这些资料现在都放在斯坦福档案馆里。根本上来说，那些背景信息不仅仅是为我自己写的，也是为了教育电视台的工作人员。

每一集，我都会这样开始："这些是历史上和当前对该领域做出了重要贡献的人；这些人和这些实验室，我认为值得前去拜访和参观；这些是值得探索的主题。"它们构成了这个系列的基础。我从头到尾都是解说员，在很多集中，我也出现在大部分的节目场景里。

这些节目是从 1989 年开始制作的，持续了两三年时间，经由美国公共电视网（PBS）在全美范围内播放。现在，它已经传遍全球，被翻译成了多种语言，还可以在网上免费观看。美国公共电视网的工作人员告诉我，已经有几百万人收看过这个节目了，但他们也不了解确切的数字。大约十几年以前，我对它进行了更新，去掉了一些具有历史局限性的东西，又补充了新的内容，包括心理学在太空和商业中的应用，以及神经心理学，但是该系列的核心依然不变。

令人赞叹的是，我那时的设计在 30 年后的今天依然有效。因为我在设计的时候，想的是如何将它应用在课堂上，而不是它在电视上看起来会如何。我会介绍每一集的主题，接着通常会去一个研究实验室，或拜访一位有名的心理学家；然后会有两分钟长的片段，是与历史上的心理学人物，譬如弗洛伊德或威廉·詹姆斯等有关的；最终则可能会到街上去，与街头的人们谈论心理学的一些东西。这样的节目有历史性，以研究为导向，同时也富有时代气息。它经受住了时间的考验。至今，世界各地仍在播放这个节目。在几乎每一门大学先修心理学课程中，它都会被播放。我到任何一个地方，总会有人这么说："我之所以对心理学感兴趣，就是因为看了您的《探索心理学》。"我特别高兴自己做了这件事情，虽然它花了我很多时间，压力很大，摄像机前的三年也减少了我的研究和文章产量。但要说我对教育的贡献，我觉得这确实是我曾经做过的最重要的事情。

关于《探索心理学》，还有一件不同寻常的事情。节目制作期间，阿莫斯·特沃斯基（Amos Tversky）和丹尼尔·卡尼曼（Daniel Kahneman）正在进行一些突破性的研究，那时我就知道这些研究将成为经典，足以赢得诺贝尔奖。从未有人以他们那样原创的方法探讨过决策问题。我说服《探索心理学》的制片方，围绕判断和决策来做一整集节目，其中一半的时间花在他们两个人身上。我会向他们提出问题，他们则告诉我如何解决。然后我们也把这些决定告诉路人，看看大众会如何反应。我说："这两个以色列人[①]充满活力，能言善辩，我们增加一台摄像机吧。"这时项目已经临近尾声，电视台的员工说："预算不够了。"但在我的再三恳求下，最终他们还是同意了。于是我们有了两架摄像机，一架对准特沃斯基，另一架对准卡尼曼，我站在中间。

我们在斯坦福拍摄。已经准备好开始了，这时有人告诉他们两个，他们需要戴领带。以色列人即使在正式场合也极少打领带，所以两人根本没有领带，只好从别人那里借。然后，他们又被告知要化妆，因为现场的灯光很亮。这简直把他们吓坏了！整个场景如此做作让他们很生气，于是开始消极抵抗，完全不肯互动。这真让我尴尬。制片人看着我说："你真的了解这两个家伙吗？"我们大概拍了一个小时，然后休息了一下。摄像机刚一关掉，他们马上就正在进行的某个研究激烈地争辩起来。然而摄像机一开，他们又僵住了。最终，我对导演说："这样吧，干脆不要让他们互动了，由我们重新剪辑。先跟卡尼曼谈，再跟特沃斯基谈，然后放进一些串场词，譬如：'阿莫斯，你同意丹尼尔的说法吗？''丹尼尔，阿莫斯这么说，你觉得对吗？'"于是我们就这么做了，把几个小时的录像重新剪辑成了一段长 12 分钟的充满思想交锋、独一无二的节目。

据我所知，这是唯一一段有他们两人参与的访谈。之后不久，特沃斯基就不幸去世了。卡尼曼因为他们两人的研究获得了诺贝尔奖。他在获奖感言中说，没有特沃斯基，就没有这项研究。特沃斯基是我认识的最杰出的人，斯坦福各种各样的优秀分子无人能出其右。我的同事们也都同意这

① 特沃斯基和卡尼曼拥有以色列和美国双重国籍。——编者注

一点：班杜拉、沃尔特·米歇尔（Walter Mischel）[①]、鲍尔、罗斯，每个人都说特沃斯基高屋建瓴，无人能及。

成为斯坦福的超级明星老师

说起教育和教学，我为了吸引学生投入学习，使用过一些创新或独特的方法。1968 年 9 月，我在斯坦福的历史角开设了一门 200 人的大课，这门课很快就变得大受欢迎。我在那里教了两年，然后搬到了卡伯莱礼堂，那里可以容纳 800 名听众；后来又移到了丁克斯皮尔礼堂，学生更多了；最后移到了纪念礼堂，那里可以容纳 1 200 名学生，迟到的学生挤满了二楼的阳台，几乎要把我淹没了。我很早就明白，如果要教一个很大的班，那么在听众眼中，你就是站在一个高高的舞台上，成了一个表演者，所以你不能简单地在台上一讲就是一个小时。既然是表演者，就得表演，得娱乐大家。你要吸引听众的注意力，保持他们的注意力，谨慎地把那份注意力引向新的方向。那就是我讲课时的精神状态。

虽然这样的大课令人满足，但事情不该是这样。因为当站在舞台上为一大群学生授课时，重要的不是有多少学生，而是你与第一个学生的距离。站在舞台上，你和学生之间是有隔阂的。我需要一个不用在台上讲课的地方，需要和学生处在同一个高度，可以自如地走进学生中间。纪念礼堂里有时候会演出《班战斯的海盗》（*Pirates of Penzance*），我必须绕开布景走动着讲课。我大概在斯坦福的所有礼堂里都讲过课。最终，心理学

① 沃尔特·米歇尔以研究儿童自控力与其未来成就关系的棉花糖实验而闻名于世。他的《棉花糖实验：自控力养成圣经》中文简体字版已由湛庐文化引进、北京联合出版公司出版。——编者注

系在乔丹楼建了两座很棒的礼堂，大的那个当时可以容纳大约 300 名学生，我在那里安顿了下来。实际上我还参与了这座礼堂的设计。我建议，讲台只要两级台阶，因此座椅必须沿着缓坡逐渐升高，这样学生就可以从每一个角度看到老师。每学期我几乎都要教心理学入门，还教了社会心理学、群体动力学、害羞，后来则有时间观，以及一门有关癫狂的课程。

在斯坦福所有那些特别的课程，比如由罗伯特·萨波尔斯基（Robert Sapolsky）、威廉·C. 德门特（William C. Dement）等人讲授的课程中，我希望自己的课能脱颖而出。我过去在做，至今还在做的一件特别的事情，就是让每堂课都以音乐开始。所选的音乐是跟课堂主题相关的：如果探讨邪恶，就放桑塔那乐队（Santana）的《罪恶之路》（*Evil Ways*）；如果讲记忆，就放芭芭拉·史翠珊（Barbra Streisand）的《往日情怀》（*The Way We Were*）。当你走进我的课堂，音乐已经响起，这就让课堂变得有点特别。接着我会说："桑塔那乐队的《罪恶之路》为我们将要讨论的邪恶的本质做了铺垫。"或者："今天我们将谈论记忆，史翠珊的有关记忆的音乐就是引子。"无论要谈论什么主题，都已经由音乐引出了。这是让斯坦福的一门基础入门课程变得与众不同的方法。

事实上，在后来的教学中，我会宣布，如果学生中有音乐家的话，欢迎他们上来表演。有一次，我把课堂安排在乔丹楼的 40 号教室，那里上一节没课。我说如果谁想表演，请提前 15 分钟来，一共可以表演 15 分钟到 1 小时，因为那堂课有 90 分钟长。有很多学生都是搞音乐的，有唱歌的、弹吉他的、爵士乐三人组、跆拳道鼓手等。我会在周二的课堂上宣布周四有机会可以表演。学生们会提前到教室，等到即将上课的时候，教室里已经有 300 人了。这一招让每个学生都来得更早，是我的独门秘诀。只是我需要向乔丹楼的其他人道歉，因为当跆拳道鼓手们表演的时候，声音响彻了整幢大楼。这是让课堂变得特别的又一个方法。

我在教学中使用的另一种方法是邀请很多不同凡响的嘉宾，他们有着各种背景：纳粹集中营的幸存者，有前科的罪犯，邪教组织的头领和追随者，男性和女性艳星，性工作者，超级销售员，如此等等，还包括诺贝尔奖获得者莱纳斯・鲍林（Linus Pauling）。

还有一个关键，就是要讲一些个人化的事，并且同样的课程永远不要不加大幅修改就讲第二遍。事实上，任何入门课的资料都是标准化的，学生们已经有我的教科书了，所以我的讲座必须与书有所不同。我通常会设计一个“当日新闻”栏目，而且坚持每堂课的开始和结束都必须有新意。避免重复老掉牙的无聊内容，这对我也是一个挑战。譬如我会问，今天有什么新闻？前面说到，我在 20 世纪 70 年代是一个反战活动者。我会很清楚地表明“我是一个政治自由派”，而有些学生更偏向保守派，因此在一周中的某一天，会有所谓的“开放麦克风日”，让大家各抒己见。

我的视角和观点显然都是非常个人化的，不仅仅是在谈论研究时，在讨论时政时我也会站边。任何人都可以上来讲讲自己的观点，无论是支持我还是反驳我。

这很独特，也真的是一件非常好的事，引发了很多有趣的对话。在有些时候，我会说：“好吧，我们无法在 10 分钟里解决这件事，请在我每周两小时的坐班时间来见我。”由于斯坦福的学生通常没有学业上的问题，也就不怎么利用教授的坐班时间，而我则把自己的坐班时间变得很有意义。

我会说：“来我的办公室不是因为你有什么问题要问，而是因为我会在那里等着你，还准备了咖啡、茶和饼干，在一个 300 人的课堂里，这是唯一一种让我认识你的办法。如果你主修心理学的话，有一天你会需要一封推荐信。你来见我很重要，因为这样我就可以认识你了。”当然，班上永远会有一些害羞的学生。我尤其喜欢那些害羞的学生来见我，因为我们可以练习沟通技巧，也可以探讨害羞给他们带来的个人问题。

我授课的另一个特点是大量使用音视频素材，以此强化和拓展我的语言。我会使用视频，甚至制作视频。我有 16 毫米的电影胶片、一些光盘，还有投影。记得有一次，我利用这些东西来讲述精神疾病时，留意到一个坐在前排的年轻学生在笑。

课后我对她说：“你可以留下来吗？”我从讲台上下来，问：“你叫什么名字？”

“我名叫辛迪·王（Cindy Wang）。”

我问：“你为什么笑？”

她说：“你太滑稽了。”

我问：“什么意思？这可是一个严肃的话题。”

“不是话题，是你对我来说太好笑了！你像个疯子一样跑来跑去，先是把 16 毫米的胶片投影到屏幕上，然后放视频，再去翻弄那些透明的幻灯片，忙个不停。”

我问：“那有别的方法吗？”

她说：“你知道‘数字化’这个词吗？”

One of the unique
things I did,
I still do,
is always begin
every lecture
with music.

Dr. Z

AN ORAL HISTORY

PHILIP ZIMBARDO

我过去在做，
至今还在做的
一件特别的事情，
就是让每堂课
都以
音乐开始。

我说："不知道，那是什么？"

她说："把你那些东西都交给我吧。"

第二天，她交给我一个小小的金属碟片。"所有东西都在这里了，"她说，"你的音乐、电影、视频、幻灯片。"这是一个令人吃惊的启示，从此提升了我的教学以及所有研究报告的质量，直到如今。辛迪后来当了我的助教，和我成了非常好的朋友。我们始终保持着沟通往来，她会把自己获得的成功和遭遇的挑战都告诉我。

本质上，我的工作就是去吸引来到我课堂上的 300 名学生的注意。心理学入门课通常是在下午，很多人很疲乏，有些人心烦意乱，有的刚刚在另一门课的测验中考砸了，有的同女朋友或男朋友分手了，或者听到了别的什么坏消息。我的工作是抹去所有这一切，说："嘿，你们将在这里获得一次独特的体验，既有益，又有趣。"大多数时候，我都很成功。

另一件我自认为做得很棒的事情是设计课堂演示。我总是会重现学生们正在从教科书中学习的内容，常做的演示有催眠，还有视知觉。

我会重复一个经典的研究。在研究中，你戴着护目镜，这个护目镜将视野偏转了 20 度。也就是说，当我看着你的时候，你好像就在眼前，但事实上你站在我的左侧。我让人做了几副这样的特殊眼镜，然后在课堂上邀请擅长飞镖的学生到讲台上来，先让他们不戴护目镜将飞镖投向镖靶。他们投得很准。接下来，他们戴上护目镜，就会朝着偏了 20 度的地方投掷飞镖。

在更大的课堂上，则需要一些视觉上更具戏剧性的东西。我把演示改成了在没戴和戴了偏转视野的护目镜的情况下，在讲台上投橄榄球。我记得第一次演示是在丁克斯皮尔礼堂做的，那个讲台非常大。我问班上有没有橄榄球运动员。那时是 1971 年，每个人脸上都露出了微笑。我们找到了斯坦福大学橄榄球队的四分卫詹姆斯·普伦基特（James Plunkett），坐在旁边的是他的边锋和接球手兰德尔·弗塔纳（Randel Vataha），他们正准备参加玫瑰碗比赛。1971 年他们最终赢得了玫瑰碗，普伦基特还成了斯坦福的首位海斯曼奖杯得主。一些学生指着他，于是我问："如果你是橄榄球运动员的话，可以上来一下吗？"我当然知道他是谁，他有点勉强地上来了。

我把护目镜戴在他的额头上，说："我希望你做一件简单的事情：你能从讲台上把这个橄榄球扔给接球手吗？"斯潘塞·舍曼（Spencer Sherman）是我的研究生助教，对他来说，这真是他人生中的高光时刻。普伦基特做了两次完美的投球。然后我说："你能闭上眼睛传球吗？"他也投中了。现在我把护目镜拉到他的眼睛上。"请再做两次吧。"他把球扔出去，整整偏了 20 度。他惊呆了。我说："你能继续做下去吗？"他的大脑很快纠正了这种错误知觉，尽管视野变了，他依然连续几次投中了目标。全场欢呼！我把护目镜摘下来，让他回到正常的状态，请他再扔一次球。结果，他朝先前偏转的反方向偏了 20 度扔过去，直接扔向了班里的学生。全班惊呼，他恼火极了。我敢肯定，如果后来他们在玫瑰碗比赛中输了的话，教练约翰·罗尔斯顿（John Ralston）准会找上门来，质问我对他的明星球员做了什么乱七八糟的事。

这个例子阐明了课堂演示需要根据听众规模的大小进行调整，从越过讲台向一个小镖靶投掷小小的飞镖，到把一个更大些的橄榄球扔过一个更大的讲台。我觉得创造出这样原创的演示以及教室内实验，是我在教学中做得特别出色的地方。

比起以前，现在的教学更困难了，因为很多学生都带着笔记本电脑。你一说点什么，他们就在网上搜索，然后告诉你："抱歉，那个参考信息已经不再准确了！"诸如此类。我自己从未遇到过这个问题。不知道是否可以对此加以限制，比如说"在我的课堂上，不许带笔记本电脑"，或者"我在讲儿童发展的时候，不许看故事片"。

现在有一种翻转课堂模式，要求学生事先进行大量的研究和课外阅读，然后保留课堂时间用作讨论。但在一个 300 人的课堂上，根本无法进行真正的讨论。为此，我采取了很多不同的做法。有各种各样的技巧能让我的课堂变得与众不同。譬如我会说："教育的一个错误之处就在于把学生们孤立了，而且让他们互相对抗。在工作中绝对不会这样，通常你需要的都是团队合作，而非竞争。我觉得博士论文应该允许两人共同完成；考试，包括期末考试，也应该和一个伙伴一起做。有多少人同意我这个观点？我们可以在课堂上这样做：第一次测验，每个人以传统的方式，独立完成；第二次测验，和一个同伴一起考，可以自己选择同伴，或者由我指派；第三次测验，可以选择与同一个伙伴共同完成，或者换一个伙伴，或单独完成。然后我们来检验三次测验的差异。"我们在班里做了这个实验，效应非常显著。

在学生们与同伴一起进行的第二次测验中，成绩比第一次测验和第三次测验中一个人考的时候高了 7 分。我反复得出了这一结果，并与研究生莉萨·巴特勒一起发了一篇论文。我们的想法是，我们只是说与同伴一起考试，并没有说要一起学习，但是他们自然而然地也会在一起学习。学生们会互相监督："你一定要来和我一起学习。你应该去图书馆，或者去自习室。我来负责讲演，你来看课本。或者我来做第一章，你来做第三章。"这其中包含着社会责任。这样做的另一个结果是，由于没有人考砸，整个成绩曲线都上升了，这样通常在曲线底部的学生也都提高了。

就像上述这个例子一样，我总是会在课堂上以实验的方式尝试新事物，如果得出了有效的结果，就发表出来。我认为这就是“三个臭皮匠胜过一个诸葛亮”。

我也是第一个向学生讲授如何教学的人。要想成为我的研究生助理，就必须选修我开设的一门有关如何教授心理学的新课程。本质上，这门课就是教学生如何准备演讲，以及如何有效地去呈现内容。在研究生讲课时，我会给他们录像，再和他们一起把录像过一遍，给出提示。每个月，我们都会从听他们讲课的学生那里得到反馈，再反馈给他们，告诉他们哪里做得很好，哪里有待改进。我真的很喜欢这种感觉。很多学生后来在别的地方开启了杰出的教学生涯。

做一天离经叛道的人

我曾让整个班级的学生去做一天离经叛道的人，这给我带来了麻烦。讲到群体一致性的时候，我说在所有有关从众的研究中，影响力来自哪里都很明显，因为这些人都在一个群体中。但我们没有觉察到的是，事实上每个人都是一张网。有时候，这张网是历史性的，或由当下的情境构成；有时候，这是一张男性或女性的网。只有在历史框架下去观察，才能觉察到这张无限延伸、无处不在的网。接着，我让大家看图片：“想想你的发型、你的衣着，想想班上每一个人是否都穿着某种运动鞋。想想看，现在你们大多数人都穿着牛仔裤，而天气暖和的时候，所有人都会穿短裤。想想你的发型，或者你是否有个发型。一个一个地想过去：对女生来说，你是否涂了指甲，如果涂了的话，偏爱什么颜色。10 年以前，在这个课堂上没有人会穿运动鞋，没有人会留这样的发型。你们都用书包装书，而不会用麻袋。”

也就是说，我们每个人身上都有一些微妙的压力，让我们合时宜。当我问你喜欢哪一种音乐时，如果能够先与你的朋友们交谈，问他们喜欢什么音乐，那么我就能推测出你所喜欢的音乐。你最喜欢的演员是谁，你最喜欢的电影是什么，这些也一样。我们都被嵌入了这些延伸的从众网络中。有一种方法可以证明人们会向你施压，让你成为他们想要的模样，那就是做一天离经叛道的人。

我告诉班里的学生："这一天，从早到晚，你要打破自我形象，做一件截然不同、无法预期的事情。这样，当人们看见你的时候，会看到一个不同的你。想想你会做什么，任何事情都可以。"当我第一次做这个实验的时候，学生们纷纷穿着乱七八糟的外套、顶着一头乱发来上课，还有人穿着沙滩服、带着沙滩躺椅，甚至有人赤膊。问题在于你要这样做一整天，以这个样子去上所有的课。随后，书面报告中要回答的问题是：你做了什么？你为什么这样做？人们对这个崭新的你有何反应？你感觉如何？是什么样的压力让你停止继续这样做？我们的要求是从早晨 8 点到下午 5 点都这样离经叛道。

有几次，学生们穿着小丑服去上工程学的课，或者在走廊里放了把躺椅坐着。最终系主任来找我问话了："津巴多，你在干什么？为什么有那么多教员来找我抱怨学生的古怪行为？"后来我把练习简化了。在接下来的几年中，我对学生说："你们要做的就是在前额上用可擦除的魔术笔画一个方块，对着镜子画得好看一点。你自己是看不到它的，但别人会留意到。他们会问你：'那是什么？'你只能回答：'是我额头上的一个方块。'他们有可能会继续问：'为什么那里有个方块？'你要回答：'我就是想试试。'你会体验到巨大的压力，想把那个方块擦掉。特别是住在家里的孩子，父母会给你很大的压力；在宿舍里，则会有来自伙伴们的压力。但是你要说：'别管它了，我还是我。我们说点别的吧。'试试看你是否能够坚持一天不去擦掉那个方块，然后你就会觉察到，环境的力量是如何推动着你去成为他人想要你成为的那个样子的。”

我在网络上写了有关这个练习的文章，它很受欢迎，在其他国家也有人这样做。这是一种以含蓄而非戏剧性的方式离经叛道过一天的方式。

在有些班上，我则让学生们选择过一天盲人的生活。这些点子都是我想出来的，然后把它们带进了课堂。当时我正在讲有关视觉的课。视力正常的人会认为有视觉是理所当然的，那么盲人在斯坦福的校园里又是如何走动的呢？他们会使用怎样的线索？我告诉学生们：“这是自愿的。如果你们有人愿意失明一天的话，可以这样做：当你上床睡觉的时候，在眼睛上缠上绷带或者戴上眼罩，并约一个同班同学在第二天早晨8点钟来接你。你还是要完成日常的活动。你可以提前一天做好准备，计划一下怎么从寝室到这里来，因为你将使用声音作为线索。这样度过一天后，你的作业是写下：我做了什么？我为什么要这样做？有什么意外发生？我学到了什么？等等。”

学生们学到的主要是对他人的依赖。他们会迷路。比如，有一天院子里的喷泉停了，而他们原本是凭着声音从某处前往学生会大楼的，如今这个标志没了，他们就完全迷路了。他们会很想摘下眼罩。一旦把眼罩取下来，一切就结束了。他们把这些经历都记了下来。这成了受到很多学生欢迎的一个练习，我这样做了好几年。这是一种非常强大、持久的练习，但做不做由你自己决定。视觉是非常基本、非常重要的功能，但更重要的是，拥有一个可以依赖的人在心理上的重要性：当有人说会在你身边时，他们真的就在那里。愿意去依赖他人也很重要：愿意有人搀着你的手臂，带你走上台阶，而不是什么都自己来。独立在什么时候会向依赖让步呢？在这个简单的练习中，其实含有很多基本的理念。

成为美国心理协会主席

在斯坦福我从来都不是一个行政人员。我不想当系主任。在心理系，我们轮流做系主任，而我也应该担当一下的。我刚去斯坦福的时候，我们系里很有钱。当这些资金开始枯竭的时候，系主任的主要任务就成了对大多数经费申请说“不”。这不是我擅长的。我不知道“不”意味着什么。同事们来找你说：“我要加薪。我要休假。”而如果你没有富裕的钱，就只能说“对不起，不行”。我不想那样做。如果当了系主任，任期一般是 3 ～ 5 年，然后就可以获得一个休假年，通常也会因为额外的行政工作而获得加薪。回过头来看，其实我应该做一回系主任的，因为通常会有一个非常棒的管理员来应付所有事情。这是我在斯坦福所犯的几个错误之一。

我从没有过多涉足政治，因为根本没有时间。除了之前提到的，我是斯坦福校园反越战运动的领头人。但在心理学领域，我的确涉足了行政管理，虽然有些勉强。美国心理协会是个庞大的组织，有 5 万名会员，还有很多国际会员。我会参加所有的年会，发表很多演讲，但从未参与行政工作。在宾夕法尼亚大学开启了积极心理学运动的马丁・塞利格曼是我的朋友，他前些年担任过美国心理协会主席。他对我说：“我们需要你，津巴多。美国心理协会的临床导向太强了，在基础和临床心理学之间有着永无止息的斗争。很少有人像你这样，既拥有心理学科研背景，又拥有这么高的知名度。因此，你一定要竞选主席。”我说：“不要，我不感兴趣。要求我去做那些行政事务是在浪费我的时间。”但他一再坚持，说我必须去。其他很多研究型心理学家也向我施压。最终我让步了：“好吧，我去参加竞选。”

我参加了主席竞选，结果获胜了。我在 2001 年当选，2002 年成为美国心理协会主席，2003 年完成交接。确实，美国心理协会的大多数成员关注的都是临床领域，我觉得协会一半的分会都是临床方面的。美国心理协会有 50 个分会，不知为何很多都与临床心理学有关。首先，我要赢得他们的支持。其次，我也要对研究项目加以鼓励。因而，我马上着手一件事，那就是与执业心理学的分会联系，发布一本有关害羞的小册子。它传达了这样的信息：这是我对害羞的原创研究，但其中也加入了临床的成分。

这本小册子的开头是这样的："害羞有时会让你感到压抑吗？去跟能够帮助你的人聊聊吧。如果是轻度的害羞，去和家人说说；如果它变得更为严重了，那么就去跟一个心理学执业者聊聊吧。"我把自己的研究与临床应用直接联系在了一起，这立刻让我受到了欢迎。然后我又在理事会上引进了几位临床心理学家。2002 年，协会在芝加哥召开了年会，那是"9·11"之后，有一半人没有出席，因为他们依旧害怕坐飞机，真是令人惊讶。

我收到很多临床心理学家的演讲邀请，都是有关一起工作和合作的。我把自己任期的主题确定为"把好的心理学带给普通大众"。我对它是这样解释的："我们需要做的第一件事就是把研究变成一个可以吸引媒体的故事，因为媒体可以分享心理学，分享任何东西。研究者一般不参与直接的分享。但其实你可以与父母分享，与孩子分享。美国心理协会有个媒体心理学的分会，我将与他们的领导者一起工作，来演示如何把你的想法以媒体感兴趣的、适合媒体的方式呈现出来。"这是我长久以来的一个主题，在我的职业生涯中一直在这样做，我觉得这留下了一些长久的影响。在美国心理协会主席之外，我还担任了另一个重要的行政角色，即科学协会主席委员会的主席。

“9・11”心理支援与阿布格莱布监狱

对于我所从事的与恐怖主义和邪恶相关的研究来说，“9・11”是一个有意思的话题。我很快就涉足了“9・11”事件后的心理支援工作。我是在纽约长大的，因此很清楚事件发生的确切地点。第一辆到场的消防车来自布鲁克林高地消防局。我本科是在布鲁克林学院读的，在来斯坦福之前也有几年住在布鲁克林。我尽快赶到那里，对当地消防局负责人说：“我想找一些心理学家和精神病学家过来，请他们在消防局里提供免费的治疗。”因为大楼倒塌，压在了消防员和消防车上，有9名消防员牺牲了。

消防局与警察局不太一样，那里是一个大家庭。相比于警察局，消防局有一种叔伯兄弟一家亲的氛围，那9名消防员的牺牲对幸存下来的人来说简直是毁灭性的打击。我组织了一个由心理学家、精神病学家、律师和会计组成的网络，因为很多幸存者的家庭都没有遗嘱。我们建起了一站到位的服务，在之后至少一年的时间里持续提供服务。开始时，消防员说：“我们没事，只是需要涨点工资，我们的老婆孩子倒是需要一些帮助。”我们开始为他们的妻子和孩子提供治疗，并告诉他们：你的丈夫或父亲说他挺好的，不需要任何帮助。

然而他们回答说：“不对，他在喝酒、嗑药，还睡不着觉。”

我们说：告诉你的丈夫或父亲，我们可以帮忙。家属们坚持要我们在消防局提供治疗。对此我感觉很好，那是对心理学实打实的应用。

再往后，就要说到2004年的阿布格莱布了。我再提一下，我反对越南战争，更反对伊拉克战争。它是非道义的，是非法的，根本就是一个谎言。它是又一个由总统给出的巨大谎言，只是为了让美国人心甘情愿上战场，心甘情愿让孩子们为所谓的战争荣耀献出生命。后来我们看到，美国狱警虐待关在伊拉克阿布格莱布监狱的囚犯，在囚犯头上套着袋子，把他们脱得全身赤裸，进行性羞辱，俨然是变本加厉的斯坦福监狱实验。

当我在华盛顿参加美国心理协会的一次理事会议时，一个在华盛顿美国国家公共广播电台（NPR）工作的斯坦福毕业生打电话给我，说："嘿，Z 博士，这就跟您在课堂上给我们看的一样。"他想就此讨论一下，于是我去了国家公共广播电台，做了有关这次恐怖事件的第一个访谈。我看到了那些有计划虐待的图片，有 10 ～ 12 张，这是从上千张图片中挑选出来的很少几张。我们至今也不知道是谁把这些图片卖给了美国全国广播公司（NBC）或美国哥伦比亚广播公司（CBS），也不知道图片里所披露的那些狱警是谁。小布什政府的国防部长唐纳德·拉姆斯菲尔德（Donald Rumsfeld）和副总统理查德·切尼（Richard Cheney）等人表示，这是少数几个"流氓士兵"干的。参谋长联席会议主席理查德·迈尔斯（Richard B. Myers）将军说："这只是几个'坏苹果'干的，99.9% 的军人都是很棒的。"

我去了美国国家公共广播电台，说："我想以一个假设开始，那就是那些狱警、预备军人、完全没有受到过训练的人都是'好苹果'，是有人把他们放到了一个'坏桶'里。有人把'好苹果'放到了'坏桶'里，让他们被腐蚀了。所以我想知道那个'坏桶'究竟是怎样的。"

接下来，我想知道谁是军队中的"坏桶制造者"。我把决定因素分成三个部分，如同我早先对邪恶的分析那样：个体、情境和系统。其中一个狱警伊万·弗雷德里克（Ivan Frederick Ⅱ）的律师联系了我，我记得这位律师叫加里·迈耶斯（Gary Meyers）。他说："我希望您能够加入弗雷德里克的辩护团队。"

我说："不，他的所作所为太可怕了，应该受到谴责。"

迈耶斯说："您别急着拒绝，如果您加入辩护团队，就可以接触到所有的图片，也可以接触到他本人，读到所有的调查报告。您将掌握所有可用的资料，这样就可以比其他人更有说服力，也许比任何人都更有力。"于是我答应了。

我花了一年时间全神贯注地去了解发生了什么、怎么发生的以及为什么会这样。我读了全部的 13 份报告，包括所有的附注，有些报告长达几百页。我也许是唯一一个这么做的人。在我的作品《路西法效应》中，有两个章节写的就是阿布格莱布监狱事件。我同伊万·弗雷德里克和他的妻子一起在旧金山待了一天，还调查了他的全部人生经历。在我看来，他显然是一个好人。他是一个好丈夫、好父亲，也是其他士兵的好战友。在去伊拉克之前，他在科威特为当地孩子做了很多善事。他有 12 枚荣誉勋章。然后他来到了阿布格莱布，看到人们在做一些疯狂的事。身为参谋军士，他没有履行职责，而是屈服于两方面的从众压力。

我问他："你为什么这样做？"他说："我不知道。"情境的力量又一次得到了展现。这并非一个有意的决定，他并没有故意说："我要去羞辱这些犯人了，其他人都是这么做的。"然而一个新问题出现了——历史上第一次，几乎每个人都拥有数码相机，可以把所做的一切都以图像的方式记录下来。

在世界各地，很多监狱都有虐囚行为发生，但并没有引起注意。阿布格莱布监狱狱警从没想过外面的人会看到他们的所作所为。事实上，他们把这些图片刻成了光盘。这些光盘在士兵间流传，他们把这种种行为称为"乐趣和游戏"："我们是在找乐子、玩游戏，我们实在太无聊了，而囚犯就是我们用来找乐子、玩游戏的对象。”

我需要前往意大利那不勒斯的一个海军基地，在开除弗雷德里克军籍的审判中作证。他们本想让我去巴格达，很庆幸我没有去，因为那时是 2005 年，巴格达依然炮火连天。我的妻子说：“你绝对不能去战区！”所以我去了一个安全的地方，通过闭路电视给出了我的证词。

这份证词已经记录在案，在证词中我简单地说：“尊敬的法官，伊万·弗雷德里克是有罪的，他也承认了。他知道自己的所作所为是错误的。这种行为在道义上是错误的，从军队的立场来说也是错误的。这令美国难堪，他为此道歉。不过，根据我所了解的一切——”我说过，我阅读了全部 13 份调查报告，“我可以百分之百地确认，如果军队没有把他放入那个难以抵御的情境之中，他绝不可能做出那样的事情……他从下午 4 点到第二天早晨，一次值班 12 个小时。下班后，他会去监狱的另一间牢房里睡觉。整整三个月，他从未离开过监狱。这个监狱遭受着炮火袭击，恐惧如影随形。他还要负责管理地牢里的 60 名伊拉克警察，他们大多走私毒品和武器，并帮助囚犯们越狱。我想对军事法庭的法官说：虽然弗雷德里克中士被委以责任去掌管这个单位，但他没有领导经验；作为一名预备役军人，他也没有战争经验。这种情境对任何人来说都是难以承受的。因此，我认为他在大部分时间里已经尽力了，但最终，他向情境的压力屈服了。”

我想这是第一次有人在法庭审判中以情境为由做辩护。公诉人想判他 15 年，我的证词把刑期减少到了 8 年，最终减到 4 年。但他的确艰苦地服了 4 年刑，12 枚荣誉勋章被当众悉数收走，全部 20 年的退休金也都被剥夺了。显然，他为自己的所作所为以及没有制止同伴的作为，付出了惨痛的代价。我帮助当事人减轻了一个严厉的判决，我想这就是心理或情境成为合法辩护理由的方式之一：有罪，但情有可原。

结束斯坦福的事业

2004 年，我该退休了。这是一个艰难的决定。我想我退休主要是为了拿到这些年里积攒的退休金。我打算花些时间，到处走走。我知道自己会想念教学，它就算还没刻入我的基因，至少也溶入了我的血液。

在斯坦福的历史上，估计没有人比我上过更多的课，教过更多的学生。作为一个正教授，我每周上 5 天课，每年都教心理学入门，还有社会心理学、态度转变、精神控制、研究方法、害羞、癫狂，虽然我并不是同时教这些课程，但一直在教。我经常到国际心理学大会上做演讲，但从未真正去探索世界。所以我想要更多地去旅行，以开拓视野。

因此，我决定在 2004 年退休，不过我是慢慢退下来的。那段时间我开设了一门新课程："探索人性"。在我所做过的所有事情中，这是最棒的一件。我的助教们也很出色。有一个助教叫肖恩·布鲁伊奇（Sean Bruich），我至今还与其保持着联系。在那个班上，我们做了极具创意的事情。那门课程我又教了三年多。为了慢慢消磨我的讲课瘾，我还在帕洛阿尔托大学开了一门新课：临床者的社会心理学。那是一个超级棒的临床训练项目，我一共教了 7 个学期。

后来，到了我真正退休的日子，心理学系的老师们为我开了一个很棒的退休派对，真是非常美好，只是有一点伤感。如今，监狱实验已经传播到世界各地，我收到了西点军校、海军学院以及全世界很多地方的授课邀请。

部分由于我的外貌和我那黑色的山羊胡子，我看上去有点邪恶。我实在不想让监狱实验成为我的遗产，不想听到人们说："就是这个家伙制造了邪恶。”这种说法也有道理。我的确曾经制造了邪恶，通过从里到外地制造邪恶来研究它。斯坦福监狱实验只是一个简单的演示，它的独特之处在于，这是唯一一个全天候的社会科学研究，因此可以从中看到每个参与者，包括我、研究生、“囚犯”和“狱警”的变化。米尔格拉姆的研究持续了 45 分钟，大多数心理学研究都只有一堂课的时间，你无法看到任何个人的改变。参与者只是在这里做个量表、在那里做个测评，然后研究者就假设他们的态度改变了。而如今，在这个所有参与者全身心投入的研究中，我们看到了独特之处。

早先，斯坦福监狱实验在《20/20》《60 分钟》《不可思议》（*That's Incredible*）等节目中广为传播，菲尔博士[①]也就此做过一整期节目。我想，这个实验将成为我的遗产，甚至可能还有人会说，它将被刻在我的墓碑上：“这个人是斯坦福监狱的监狱主管。”我开始思考未来，然后在2007年，我花两年时间写出了《路西法效应》。这是我迄今为止做过的最为艰巨的事情，因为我是一个老式的作家。我有几大箱斯坦福监狱实验的资料，包括“狱警”和“囚犯”的证词、“假释委员会”听证会的记录，还有几个箱子里装满了有关阿布格莱布的一切，另外还有一大箱关于纳粹大屠杀的资料，以及关于卢旺达的……我沉浸在了邪恶中。我想要努力摆脱“邪恶博士”的名头，结果却写了 15 个有关邪恶的章节，没有最恶，只有更恶。有两章是关于阿布格莱布的，有 10 章是有关监狱研究、纳粹大屠杀、卢旺达的，我还综述了现有的所有关于情境力量的研究，包括米尔格拉姆、班杜拉和其他人的研究。最后，我写到了第 16 章，也就是最后一章。我对自己说：我正在邪恶中畅游，无法想象会有什么人去读这样的东西，对那些坚持读到这里的读者，我必须做点什么。我觉得这最后一章必须是积极的。

① 菲尔博士（Dr.Phil）是美国著名心理访谈类节目的主持人。——译者注

因此，我在最后一章里写了有关如何抵御这些情境压力的内容，也许那些能够抵抗的人是特别的，我们会把他们称为“英雄”。这就是我在最后一章里所呈现的意象。我开始关注汉娜·阿伦特（Hannah Arendt）关于“平庸之恶”的理念。邪恶的人看起来就像是你的查理叔叔，而不是漫画中的恶魔。他们看起来就像是没有留小胡子的希特勒。英雄可能也是如此。也许也存在着“平庸之善”、平庸的英雄主义。英雄们并不是阿伽门农，也不是阿喀琉斯；他们不是超级战士，而只是普通人。但在特殊的情境中，他们能够抵抗情境的强大影响力，采取明智而有效的行动。在已知的所有相关研究中，这种人都是少数，只有大约 10% 或 20% 的人会抵抗，从不会超过 30%。

在米尔格拉姆关于服从权威的研究中，在所罗门·阿希（Solomon Asch）的从众研究中，抵抗者是少数，但这种人总是存在，就像我研究中的那些“好狱警”。但并没有人对他们进行深入研究，看看他们究竟有何特别之处，因为所有研究者都更加关注邪恶的部分。我认为我们应该对其进行研究，看看如何抵抗邪恶。我从“Z 博士的抵抗情境影响力的 7 个步骤”开始着手，这是指导方针，是所有人都能够做到的。最后，在《路西法效应》一书最后一章的结尾，我重新思考了英雄主义的本质。

我制定了一个由 12 种不同类型组成的英雄分类法。有些英雄是探索者；有些英雄完成了第一次，比如林德伯格（Charles Lindbergh）横跨大西洋飞往欧洲；有些英雄之所以是英雄，是因为他们做出了一些救人性命的发现和发明，比如居里夫人或者乔纳斯·索尔克（Jonas Salk）[①]；有些英雄支持了一项符合道义的事业，像特蕾莎修女那样去帮助有需要的人。这个分类法中还包括一个时间维度。接下来我说：“从所有这些不同类型

① 首个安全有效的脊髓灰质炎疫苗的研发人。——译者注

的英雄中，我可以提倡、鼓励、教育年轻人的，是提供一些具体的课程，鼓励他们成为‘日常英雄’，每天通过一些小小的善行，让世界变得更加美好。”

《路西法效应》就是这样结尾的。这本书获得了极大的成功，赢得了威廉·詹姆斯奖、心理学最佳图书奖，以及其他一些奖项，包括《纽约时报》畅销书奖。现在它已经被翻译成了超过 24 种语言。有趣的是，它唯独没有法国版。法国是反美的，法国心理学界也反对美国心理学。这是唯一一个对我的书没有兴趣的大国。我的书里没有任何反对法国的东西。现在法国也发生了恐怖袭击[①]，真希望他们能对我的工作感兴趣起来，可惜他们似乎并没有打算出版我的教科书或其他任何书籍。

① 指发生于 2015 年的 11 · 13 巴黎恐怖袭击事件。——编者注

AN ORAL HISTORY

PHILIP ZIMBARDO

第 6 章

重新定义英雄

第一次 TED 演讲经历

2008 年，我在加州的蒙特雷做了 TED 特约演讲[①]。琼·科恩（June Cohen）曾经是我在斯坦福的学生，当时她是《每日新闻报》（*The Daily News*）的编辑，听说了我正在做的事情，于是邀请了我。我根本不知道 TED 是什么。美国联合航空公司对 TED 做过全面宣传，所以我以为它就是类似常旅计划那样的东西。我并不知道 TED 在那时已经有了网站。

我到了那儿，他们说："您有 18 分钟。"

我说："18 分钟？ 18 分钟能讲什么？"

他们说："这是很严格的。您需要在我们面前预讲一遍，我们会给您反馈。"

---

① TED 演讲是风靡全球的演讲大会，邀请各界精英进行不超过 18 分钟的演讲，平均点击量超过百万次。有关 TED 演讲的故事可参见《TED 演讲的秘密：18 分钟改变世界》，其中文简体字版已由湛庐文化引进、中国人民大学出版社出版。——编者注

我说："真的吗？我都讲过那么多年课了。"

"那不管，每个人第一次讲都要这样。"

我讲了一遍，大约花了 30 分钟。他们说这儿要砍掉，那儿也要砍掉。我预讲的时候闹钟坏了，因此没有得出精确的时间。他们只是说感觉有点太长了。我把准备做的事情砍掉了，把那些用来起承转合的东西砍掉了，把原本想提出的不同观点也砍掉了。TED 大会最初在蒙特雷举办，后来在长滩办了两年，现在则是在温哥华，我想它应该是永久留在温哥华了。TED 真的发展很快，如今它已成了世界顶级的信息交流中心，成就斐然。但 10 年前，它还处于婴儿期。

我在舞台中央的红色圆圈中起身，开始演讲。我刚说了一句"很高兴来到这里"，计时钟就从 18：00 跳到了 17：58。我顿时觉得，天哪，我浪费了两秒钟。他们准备了一个小小的电子提词器，我就逐行地讲。我可以看到幻灯片，但他们建议不要往那里看，要看着观众，因为会场里有三架摄像机。有一架是对着我的，有一架是从我脑后对着观众的，还有一架在观众席间漫游。TED 最出色的一点在于视频制作，在此之前，所有讲座都只是用单一镜头拍摄特写而已，而现在，有演讲者的特写，有观众在看着演讲者，演讲者也在看着观众。这就构建了一出真正的戏剧，充满活力。

我的演讲进行着，观众们显然都很投入。我谈到了自己的监狱研究，谈到了阿布格莱布，所有这些内容都极富戏剧性。这是阿布格莱布的照片第一次被公开展示，这些照片属于机密，TED 还打出了一个警告标志，这使得一切更为特别了。随后我看了一眼电子钟，时间还剩下 5 分钟，而我知道后面还有 15 张幻灯片。我开始越讲越快，几乎喘不上气来。我告诉自己："天哪，我要晕过去了，得慢一点儿！但我还有 15 张幻灯片呢，还得讲得更快才行！但我不能讲得更快了，我要晕过去了。"我一边演讲，一边在内心里进行着这场独白。不知道观众听起来怎么样，对我来说，这有点疯狂。

最后，我告诉观众："现在我们将做个切换，从探究为什么好人会变得邪恶，到审视普通人如何变成英雄。"就在这时，倒计时归零。结束了！全场都屏住了呼吸。观众们可以真切地感受到一种紧张的气氛，我也能，每个人都沉浸在对新高潮的期待中。在那个时刻，TED 的总监克里斯・安德森（Chris Anderson）走到舞台上，我预讲时他也在，他说："我知道接下来的内容，它太重要了，现在不能停。我们将要做一件通常不会做的事情，再给您几分钟时间。"真是每个人都长出了一口气。

我说："非常感谢。"当然，后来他们把那部分从视频中剪掉了。我又多讲了 5 分钟。我讲了英雄那一部分，全场起立鼓掌，这在如今已经相当罕见了。演讲结束后，我走进观众席，等着听下一场，有几个人围上来说，研究英雄主义的想法真有创意，普通人也可以成为英雄的观点真是独到，简直太棒了。其中一个来见我的人是 eBay 的创始人皮埃尔・奥米迪亚（Pierre Omidyar），他是个百万富翁。他说："我想鼓励你成立一个基金会，正式地去做这项事业，而不仅仅是建立一个研究实验室。我给你两万美元，你可以找顾问去咨询相关的法律信息。"

就这样，英雄想象项目诞生了。

打造新一代“日常英雄”

我之所以起了“英雄想象项目”这个名字，是因为我认为英雄主义始于想象：想象自己可以是那个站出来发表意见的人，那个采取明智行动的人。我们在 2008 年开启了该项目，在加州成立了一个非营利性机构。接着我犯了一个天大的错误。我太过野心勃勃，试图同时做太多的项目，在普雷西迪奥租了一间大办公室，雇了一大班子人。我开始筹集资金，从一些基金会拿到了钱，自己也投入了很多资金。我们在斯坦福行为科学高级研究中心开办了为期两天的大会，卓有成效。我请来了很多不同的人，告诉他们我想成立这样一个新机构，需要他们帮忙提出一些建议。这里汇集了来自教育、沟通等不同领域的教授，来自军方的人，还有斯宾塞基金会（Spencer Foundation）的人，一切都很激动人心。我说：“好，我会投入自己的一部分退休金来开办这个机构。”

我们在普雷西迪奥租了一间大办公室，雇了总裁、研究主管、培训主管、志愿者主管、商业主管和教育主管，还雇了一大班子正式员工，再加上一些志愿者。每个月的开销都很大，我也不知道具体数字，总之一年要花几十万美元。我们做了很多好事，但在第二年年底，我不得不将所有人辞退，因为付不起工资了。我自己投入了 25 万美元，募集到的钱比这更多，但突然之间，钱花完了。几乎每个人都拿着半薪工作，但钱还是不够。

我自己所做的最重要的一件事情是与退休的高中校长克林特·威尔金斯（Clint Wilkins）、加州大学伯克利分校的高年级学生布赖恩·迪克森（Brian Dickerson）以及其他一些人合作，开发了 6 堂有关基本的社会和认知心理学的课程。它呈现的方式很独特，便于在大学和高中的课堂上讲授。每一堂课大约有 3 个小时，30 分钟一节，关乎一些基本的主题，如：如何把被动的旁观者变成主动的英雄？如何把有着狭隘的固定思维模式的人变成充满活力的成长型思维的人？如何把偏见和歧视转变成对差异的理解和接纳？我们对我斯坦福的同事卡罗尔·德韦克（Carol Dweck）的工作进行了拓展。还有其他一些主题，比如如何把带来消极影响的群体转变为带来积极影响，等等。

每一个主题都有着二三十页的详细内容。我们为老师准备了脚本和讲演指南，为学生设计了回应小册子，还提供了视频和所有研究的清单。这门课的不同寻常之处在于老师不需要讲课。给老师的脚本上说：请以下面的故事开始，播放这个 3 分钟的视频，然后花 2 分钟提出问题。此时学生们要结成两人一组的“英雄小队”，最好是一个男生和一个女生，因为现在的男生已经不愿在课堂上回答问题了。老师提出问题，然后说：“好，请分享你的想法。”学生们互相交谈，有时候老师会说：“好，把你的答案写在回应小册子上。”课程结束时老师把小册子收上来，以便纠正文法和错误信息。

激动人心而富有新意的是，所有这些都围绕着刺激性的视频来组织，因为如今的孩子们生活在一个视觉世界里。每节课包含 4 ～ 7 个视频。该项目已在全球十几个国家蓬勃发展，我们也会告诫组织者注意翻译，并要找一些适合当地文化的视频。现在我还在为更年幼的孩子制作一个节目，用动画片替代视频，效果非常好。我们通常会以一个不太高的价格许可他人使用这些视频。另外，我或者英雄想象项目团队的某个成员还需要给那些打算教授课程内容的人做一个正式的培训，这些人也需要支付一笔不太贵的费用，然后才能获得资质。这样他们就可以获得我们提供的资料，将其调整为适合自己学校和受众的模式，然后进行分享。

我们的工作从亚利桑那州、加利福尼亚州和俄勒冈州开始，主要面向美国社区大学优等生荣誉学会（Psi Beta）的学生培训师，这是美国社区大学的一个荣誉团体，他们的全国主席参加了我们的会议。他们立即就购买了课程，而课程给学生们带来了翻天覆地的变化。社区大学二年级的学生负责在高中里分享该课程，现在这已经成了高中里的一件大事。这些社区大学的学生没能进入四年制大学，现在他们的自我印象得到了积极的转变。在一次讨论会上，这些学生一个接一个地向我走过来，说："我曾经非常害羞，但现在我迫不及待地想跟人聊聊自己在做什么。""我是个内向的人，然而我觉得世界上最好的事情就是把这些令人赞叹的课程告诉每一个人，不仅是我在教的学生，还有我的朋友们。"这个项目以很多我意料不到的方式起着转变性的作用。

当然，我们评估了课程对学生、老师的影响，并持续获得如何把课程做得更好的反馈。后来我们把课程带到了密歇根州的弗林特市，因为有一个与我一起工作的人就是来自那里，她叫科拉·基恩（Cora Keene）。这是在水污染事件把这个镇变成一个糟糕的灾难中心之前的事了，我们的课程在那里很成功地被采用了。现在，我们每年在弗林特开办英雄圆桌会议，有几百名老师、学生和镇民参加。

现在我拥有了四处旅行的自由。无论走到哪里，我都会说："我带来了一些特别的材料，很乐意做一次收费培训，或者免费做一些早期培训。"4 年前，我在匈牙利的布达佩斯做了一次早期培训。讲座结束时，我说："这就是我们在做的事情。如果你们感兴趣的话，我可以明天回来正式开始培训。"我培训了 12 个人。打那以后，他们成立了一个名为"英雄广场"的非营利性基金会，每周一次在匈牙利各地提供这种培训。

我们的课程已经进入了美国各地 1 000 多所高中的课堂。拿旁观者这堂课来说，我帮助制作了一段有关被动旁观者的影片。我还做了另一个节目《人类动物园》（*Human Zoo*），这是为一家英国制片公司做的，在片中设计了各种不同的公众示范。其中之一是一个女人躺在利物浦车站的台阶上，计时开始，人们纷纷从她身边走过。问题是，经过多久才会有人停下来？在4分钟内，有35个人路过，没有一个人停住脚步。英雄想象项目的老师把录像暂停，问学生们：这些人是怎么想的？他们为什么不停下来？换作是你会怎么做？身临其境和观望有什么区别？如果有人停下来，那么接下来会发生什么？现在继续播放视频。一旦有某个人停下来，在6秒钟之内，立刻就会有第二个人过来帮忙。这里要传达的信息是什么呢？——“成为那个人。”

还有第二条信息：“成为第二个人，做出改变。”该怎么做呢？接下来还要探讨一下不去帮忙的理由。如果有危险你该怎么办？可以给警察打电话。如果你遇到了一些障碍，比如有人溺水而你不会游泳，你又该做什么？我们在所有的课程中都设计了一些批判性思维的练习，这意味着在每一个良好的意图、每一个恰当的行为中，都会存在障碍和问题。该如何把它们转化成可以找到解决方法的挑战呢？每一个项目尽管内容不同，但都有着同样的结构。在世界各地，我们以这种充满活力的方式把这些批判性思维的技能教给学生。

在布达佩斯，老师在培训中重现了这个旁观者场景。他们让培训组里的一个人躺在繁忙地带，并进行录像，有人停下来，有人没有停。他们给停下来的人一个奖励，对没有停下来的人进行访谈：“你为什么没有停？你没有看到吗？”2016年，英雄广场项目从学校走向了企业。我给雀巢、奔驰和电信公司做了演讲。

我在电信公司演讲的时候，公司总裁当着800名员工的面站了起来。他叫克里斯蒂安·马西森（Christian Matheson），是一个高大帅气的男人。他说：“我原本对这一切都不相信，觉得就是些心理学研究者的胡扯，但他们说服我去试试看，由我扮演受害者。中午时分，我躺在布达佩斯中心区的学生广场，假装心脏病发作。整整 5 分钟里，没有一个人停下来帮我。当我躺在那里时，对自己说：我要死了，这是我的同胞，但没有一个人停下来，我只能听到四周的脚步声。这太重要了！我想让我所有的员工都能够了解这些。”这真是一次非常具有戏剧性的见证！不巧的是，那个视频片段没有被保留下来。我是英雄广场基金会的一分子，基金会由格奥尔基·欧罗斯（György Orosz）领导，加博尔·欧罗斯（Gabor Orosz）教授负责进行定量评估。每年我都会去布达佩斯几次，每隔一年我们会在那里主办一场英雄主题的大会，最近一次的主题是反对种族主义和偏见。

在波兰，我也培训了一小组老师，他们设在克拉科夫、华沙和弗罗茨瓦夫等地的中心都非常活跃。我在那里的主要联系人是阿格涅斯卡·威尔钦斯卡（Agneiszka Wilczynska）教授，他安排了英雄想象项目所有 6 堂课的翻译，我和他密切合作。在波兰，我们也设有一个英雄想象项目基金会。

我的家族来自西西里。我们在我祖父生活过的卡马拉塔以及另一个叫科莱奥内的镇上开启了项目。科莱奥内就是教父镇。斯坦福毕业生斯蒂芬·卢西奥（Steve Luczo）是希捷（Seagate Technology）的执行主席和前任总裁，也是如今英雄想象项目最大的资助者。他非常慷慨，充满社会正义感。他的祖母就是科莱奥内人。我和镇长安排，在那里做了一个和我们在卡马拉塔所做的同样的项目。在这两个项目中，我们向当地高中的 10 名优等生每人提供 1 000 欧元的奖学金，让他们去当地的西西里大学上学。每年我们都在卡马拉塔和科莱奥内的市政厅里这样做。从 2000 年 6 月起，我指导这个教育基金会已经将近 20 个年头了。[①]

① 本书源自 2017 年的访谈，此处尊重作者原表述，以访谈年为时间基准。——编者注

围绕着奖学金项目，我们在两个镇上都安排了文化节、艺术比赛、诗歌和音乐，由我的西西里表亲帕斯奎尔·马里诺（Pasquale Marino）博士负责。我们还会为儿童、青少年和成人三个年龄组的获胜者颁发慷慨的奖品。如今我们正在巴勒莫的贫民窟里做项目，那里的很多孩子是非裔青少年移民。2017 年 6 月，在前往附近的山区城镇之前，我们在那里举行了一个盛大的仪式。在巴勒莫发生了一件了不起的事情，尽管当地政府相对较为贫穷，但他们决定邀请西非的青少年移民来到巴勒莫，并提供住宿、衣物和语言课程，移民们还会受到英雄想象项目的领导克莱利亚·利贝罗（Clelia Libero）的热情欢迎。我们刚刚实践了她的一个想法，那就是培训一些这里的年轻男女去与当地高中里的意大利学生分享英雄想象项目的课程，结果非常棒。这些学生扮起了老师，自尊心增强了，也获得了意大利同龄人的仰慕。

我们还去了巴厘岛。我到巴厘岛的一所国际学校讲演，然后培训了学校里所有的老师，去传达我们的信息。我们还去了葡萄牙、卡塔尔、澳大利亚的吉朗、伊朗的德黑兰、布拉格、布拉迪斯拉发，很快还会去其他很多国家和城市。

接下来有两个最重要的步骤。一是修订课程，使之适合所有年龄层。我们在波兰的同事正在进行这项工作，把课程改成小学生喜爱的童话故事。我们也在尝试把课程改为适合公司里的英雄领导力培训的形式，让公司出一笔钱，然后对他们所资助的学校进行免费培训。这毫无疑问是行得通的。这个项目很独特，很有活力，也很有影响力。

我们在圣拉蒙高中（San Ramon High School）进行了为期一学期的测试，如果结果显示参与课程的学生能够比其他学生取得更大的成功，这门课程就可以获准进入整个学区。同时，我也在旧金山的基督教青年会

（YMCA）做培训。他们也会进行测试，如果有效，就将把这个项目引入旧金山地区所有的基督教青年会活动中。因此，实际上我们有几个不同的新方向：做适应企业的课程，做适应孩子的课程，还想增加很多其他课程——应该有关于环境保护和可持续发展的，关于说服力的，还有关于时间观以及冲突解决的。我们的目标是构建出大约 12 门完整的课程，这些课程都是互动式的，充满活力，这样就可以成为高中和大学里一门独立的学业课程。我想这可能会最终成为我的另一个重要贡献。

最后说一句，我们的项目遍布世界上的这么多国家，那么谁在运营这一切呢？主要是我，而且我是无偿工作的。另外还有两名兼职助理：梅利莎·谢弗（Melissa Shafer）和泰勒·兰利（Taylor Langley）。兰利是我的兼职个人助理，她会帮一些忙。还有一个顶尖的培训师和英雄想象项目的课程协调人埃利·雅克（Ellie Jacques）打算加入我们，就这些了。我们有一个很好的理事会，也是无偿工作的。从初创时的 20 个员工缩减到如今的总共只有一个全职人员，这就是英雄想象项目的新中心。

说到这里，分享一个好消息，下一周，也就是 2017 年 12 月 15 日，我们将在洛杉矶的加州俱乐部举办一场大的募捐会。我们已经给认识的每一个人写了信，希望能让斯坦福的本科生过来捐款。

我会发表讲演。还有一个学生也会讲演，她正在尝试把我们的课程带入南加州大学所有的女生联谊会中。另一位演讲人是阿波罗·罗宾斯（Apollo Robbins），他是一位魔术大师，你一定要在网上见识见识他的表演。我是在一次科研会议上遇见他的，我说："你一定要到我们洛杉矶的英雄想象项目大会上来表演。"当他在取走你的钱包、把戒指从你的手指上摘下来、拿走你的手表时，还能描述出你在想什么。他知道你的想法是错误的，于是就找到了欺骗你的机会。这既富有教育意义，也非常具有娱乐性。随后我们会表彰一个帮助了他人的学生，他因为在校园里帮助别人而身体受伤。这次大会主要是为了募捐，以便为项目增加一些员工。我们急需一位教育主管、一位国际关系主管，还需要改进课程。而我的椎管狭窄日益恶化，已经无法再全球到处旅行了。

我已经80多岁了，所以有我的局限，我现在几乎走不动了。我已经决定，在帕洛阿尔托大学培训一群研究生来替代我成为英雄想象项目的培训师。我在斯坦福完成40年的教学生涯后，到帕洛阿尔托大学教了几年书。它是一所专业培训学校，培养临床心理学家、硕士生、哲学博士和心理学博士。我说服新校长成立了一个培训中心，任何想接受培训的人都可以报名参加。现在已经有十来个高年级研究生完成了培训，他们接受了几门课程的培训，可以到加州或美国各地去培训其他人。这会减轻我的负担，也意味着我们可以立即提供娴熟的培训师。

拄着拐杖四处走动是很令人尴尬的。在有些地方，只能让人用轮椅推我出去。我去中国的时候，有时就被人用轮椅推着。还有我一定要提一下难忘的伊朗之行。我只在伊朗待了两个星期，但花了三年时间才拿到签证。我去了德黑兰、设拉子，走遍伊朗进行演讲。有人告诉我，我是伊朗的米克·贾格尔（Mick Jagger）①。上百名孩子与我合影，与我自拍。我怀疑自己可能是约翰·肯尼迪总统之后第一个到那里去的美国人。我大受欢迎，他们甚至为我做了邮票，一套三枚。有一枚是我的最爱：我穿着印有Z字的T恤，这是一位波兰漫画家特别为我设计的。在德黑兰的时候，我培训了三位在一个小中心里与残疾退伍军人共同工作的女性，给了她们开展项目的资金，以及全部三堂课程的资料，还提供了免费的培训。现在所有资料都已经被翻译成了波斯语，所有视频上都

① 英国摇滚巨星，滚石乐队的创始成员及主唱。——编者注

加了字幕，她们还制作了一些新视频，准备在全伊朗开展英雄想象项目的培训。

英雄想象项目的下一个目标是中国。我访问了中国，而这一项目进入中国还有不少困难，因为需求对接上存在很大分歧，心理学科正在不断建设中。在这里，往往是先集体后个人。但是等一下，这不正意味着社会心理学可以行得通吗？我们关注的就是团体和团体的影响。

最后，我们还将召开英雄圆桌会议，让英雄想象项目迈向更美好的未来。

警惕雄性衰落

2008 年，我出了一本书，在不同的国家被冠以不同的书名。在美国叫《雄性衰落》(*Man Disconnected*)，在英国叫《雄性被扰》(*Man, Interrupted*)，在波兰叫《好男人都去了哪里》(*Where Have all the Good Men Gone*)。[①] 所有这一切开始在大约 5 年前，TED 的总监克里斯·安德森联系我说："您在 TED 已经做了几次演讲了，都非常有趣。今年我们想尝试做些不同的事情。我们想做一些 3 ～ 4 分钟的很短的演讲，想请您也做一个，要有挑衅性。"

我说："让我想想看。"我什么都想不出来。然后我开始想到近期的很多数据，有关许多男孩子在学校里学业失败、辍学、在生活的很多方面都表现很差的问题。我开始对这些问题进行探究：为什么会这样？问题有多

①《雄性衰落》中文简体字版已由湛庐文化引进、北京联合出版公司出版。——编者注

Heros are
ordinary people
do
extraordinary moral deeds.

Dr. Z

AN ORAL HISTORY

PHILIP ZIMBARDO

所谓英雄
就是，
平凡之人
行非凡之事。

严重？结果发现，这不仅是美国的一个大问题，在世界上很多其他地方都是一个大问题。很多男孩子学业失败，但是原因何在呢？为了研究这个现象，我提出一个假设，认为他们太过沉迷于电子游戏了。结果发现，对很多孩子来说这是一种成瘾现象，意味着这就是他们唯一想做的、最重要的事情。即使没在玩的时候，他们也在想着它。与生活中其他许多事情不同，游戏只要你玩得越多，就会越擅长。事实上，你可以实时看到自己玩得有多好，得分就显示在屏幕上。在男孩的生活中，几乎没有任何其他东西对他们有着这样即时的正反馈。

我对一些孩子做了个人访谈，然后在网上发布信息，鼓励年轻人在线回答我们的问卷。我发现游戏和免费的线上色情内容是相结合的。这些男孩会花上几个小时打游戏，然后花更多时间看色情片。另一个影响因素是这些男孩有没有父亲陪伴。美国的离婚率极高，超过 40% 的男孩在成长过程中没有父亲参与。当孩子拿着一份糟糕的成绩单回家的时候，母亲常常会说："再努把力，我无论如何都爱你。"父亲则会说："这不够好，我们要扣掉你的零用钱，没收你的游戏机。"父亲的爱是有条件的，母亲的爱常常是无条件的。男孩子需要更多外在的动力促进他们去争取更好的成绩，他们需要一个男性榜样。女孩可以从母亲那里得到榜样，而很多男孩则失去了那份来自父亲的外在动力。原本父亲会这样对他们说："你需要提升自己，让我们作为你的父母而感到骄傲。"

现在的事实是，以上诸多因素结合在一起，鼓励着男孩只去做他们唯一擅长，并且最享受的那件事。很多这样的男孩的确会去上学，然而一回家就只想待在自己的房间里玩游戏。一旦染上了这种终极的消费成瘾，比如说每天白天玩 10 个小时，或者每晚玩 10 个小时，你会放弃什么呢？你通常会放弃工作，放弃锻炼，放弃与朋友玩耍，放弃团队体育运动，放弃任何创造性的事情，包括阅读、写作、学习新技能等。我认为这种模式是一个全国性的巨大威胁，最终也会成为国际性的威胁。我在 4 分钟的紧凑演讲中介绍了这一切，赢得了 TED 观众的全场鼓掌。到 2017 年 10 月，全世界已经有 220 万人观看了这场演讲。接着，我应邀就此写了一本电子书，还想将它进一步扩展。读电子书的人并不多，至少在我这一代人里肯定是这样的。

在我的前任个人助理尼基塔・邓肯－库隆布（Nikita Duncan-Coulombe）的帮助下，我们把它扩展成了一整本书。这本书首先在英国出版，名为《雄性被扰》，后来又在美国出版，名为《雄性衰落》。上文已经提到，其波兰版本也是一本畅销书。因为电子游戏的持续流行，这本书在世界范围内都引发了共鸣。

如今，游戏正成为一项大学间的运动。我每年都去波兰，因为在波兰的高中和大学里，我的英雄想象项目培训规模很大。最近一次我在那里时，坐在一个巨大的足球场里，6 万人正在观看一场国际游戏比赛。有 10 个人坐在下面玩电子游戏，最终的胜者会得到 100 万美元。如今，玩电子游戏又有了一个外在理由：为了名和利。然而从我这个不玩游戏的人的角度看来，电子游戏会持续存在，变得越发让人投入和上瘾，这并不是一件好事。

另外，值得一提的是，一旦游戏变为 3D 或虚拟现实的形式，它将占据你的整个大脑，这一天已经不远了。同样，当色情内容可以使用廉价的虚拟现实眼镜来观看的时候，这些小伙子会被全方位地引诱。这样一来，这些孩子可能永远都走不出自己的房间或游戏室了。

这真的令人忧伤。它意味着，总体上将有更多男孩放弃学业。如今在很多大学里，在大学本科的申请中，至少有 55% 是女生，男生只占 45%。

在某些大学里这个比例更为悬殊。很多专业，譬如心理学，现在女生与男生的比例大约是 7：3。我们这个时代正在发生着一些人们过去未曾思考过的事情。很高兴我能够触及它，去敲响有关现在和未来危险的警钟，同时也在很多层面提出解决的方案。在此我也很高兴地提一下，我通过在世界各地演讲和写作所敲响的警钟不仅被人们听到了，而且带来了一个重要的影响。最近，世界卫生组织在《国际疾病分类手册》第 11 版（*ICD-11*）中，把强迫性性行为和游戏障碍均列为临床成瘾，认为需要对此进行专业的治疗。

用时间心理学解读特朗普

2016 年，唐纳德·特朗普出人意料地当选美国总统，对世界提出了挑战。

他在历史上是独一无二的，令许多人着迷。当他与希拉里·克林顿辩论的时候，他得到了所有媒体的关注，因为他说了一些离谱的话。他相信“另类真理”，想说什么就说什么。他还是一个对推特上瘾的家伙。我们听说过某个成年人是“推特佬”，但谁听说过美国总统是个“推特佬”呢？基于他的背景，他不习惯合作，也不习惯妥协让步。他就是老大。他在做生意时一向说一不二：你要么照做，要么滚蛋。而如今，他在美国拥有了近乎无限的权力。

我和罗斯玛丽·索德（Rosemary Sword）共同写了一篇文章。罗斯玛丽是夏威夷的一位心理学家，我们在我写作《让时间治愈一切》（*The Time Cure*）这本书时曾经合作，同她最近已经过世的先生理查德·索德（Richard Sword）一起，发展出一套基于时间观的创伤后应激障碍疗法，经证明在退伍军人中非常有效。我和罗斯玛丽为《今日心理学》（*Psychology Today*）撰写一个每月专栏，每一篇的主题都在某种程度上与时间观有关。在最近的一期杂志上，有一个精神病学家写了一篇文章，提出唐纳德·特朗普患有危险的精神障碍。近 3 万名临床心理学家对此表示认同，认为特朗普患有自恋型人格障碍，这是一种严重的精神障碍。经由对某人公众行为的观察而非临床观察来做出诊断会面临很多问题。我们在《今日心理学》2017 年 2 月刊上发表了一篇文章来跟进这个话题——《房间里的大象》（The Elephant in the Room）。

我们写道，目前最严峻的问题是，特朗普持有极端的享乐主义现在时间观，是一个无拘无束的现在享乐主义者。前文曾经提到，1999 年我和我的一个研究生约翰·博伊德一起设计了津巴多时间观量表，这个量表将时间观分为 5 个维度。未来导向的人会努力工作，在做出每一个决定前都会考虑后果，衡量成本与收益；过去导向的人现在做的每件事都受到过去经历的影响；还有人是现在导向的，就生活在当下。在这三个时间框架中，过去导向可能关注过去的好时光与成功，也可能关注坏时光、遗憾和失败。现在导向的人可以是现在宿命主义者，相信命运是注定的，特别是如果信仰宗教的话，你会觉得命运不受自己的掌控，又或者你已经放弃了规划，因为一切努力向来都无济于事。

相比之下，现在享乐主义则是最具诱惑的，它意味着你要寻求感官刺激和新鲜感。你很容易觉得无聊，一辈子都在努力挑起事端，去刺激自己，也刺激别人。你是个参与者，非常活跃，加入了很多团体，永远想做新鲜事。你很容易感到厌倦，所以不断地转向新事物。但最重要的是，当你做决定时，从不考虑后果，只凭一时冲动。我觉得这恰恰就是唐纳德·特朗普的特征！一时冲动做出决定意味着没有把后果考虑周全，显然特朗普没有与他的团队讨论过后果。我们可以在小孩子身上看到这种特点，他们是不受约束的。问题出在特朗普这个人有着无限的权力，而有些决定将带来破坏性。

在《房间里的大象》一文中，我们描述了是什么让特朗普成为这样一个现在享乐主义者，这又会造成什么后果。譬如，所有的成瘾都是由现在享乐主义触发的，因为这样的人一旦做了一件愉悦的事情，就会继续做下去。另一件有趣的事是，即使你在理智上知道海洛因对你不好、赌博对你不好，知道自己有糖尿病，吃糖对你不好，但这些知识从不会反馈到行为的改变上。你总是先行动，后思考！这就是为什么现在享乐主义的生活方式会给一个人自身带来危险，而根据他所掌握的权力大小，也会给他人带来危险。如果你的行动是政治性的，会影响到他人，那么它还会让你给全世界都带来危险。

我们这篇文章获得了前所未有的点击量，在几周之内就达到了 90 万。这是《今日心理学》的最高阅读量，而且大多数人都点赞了。

接下来，我们受邀把这篇文章扩展成了一本书中的一个章节。该书由 27 位精神病学家和精神卫生专家写就，他们将评估现任总统是否适合任职，因为他们对这个国家负有“提出警告的职责”。这本《唐纳德 · 特朗普的危险个案》（*The Dangerous Case of Donnld Trump*）由班迪·李（Bandy Lee）编辑、圣马丁出版社（St. Martin’s Press）于 2017 年出版。它成了一本畅销书。在特朗普现在和过往的性格中，没有任何东西可以让我乐观地觉得他会变好，反而很可能会更加危险，而且我们仍不清楚该怎样约束他。我在世界各地讲演时，他正在竞选总统，当时没有人相信他能当选。在波兰，在匈牙利，在雅加达，人们说：“你们美国人中了什么邪？我们原谅了你们的小布什，因为你们把他换成了奥巴马。而现在你们又要倒退回过去，对世界做些前所未有的糟糕的事情！”

AN ORAL HISTORY

PHILIP ZIMBARDO

第 7 章

解放人类心灵的牢笼

回顾斯坦福的最强心理学系

初到斯坦福的时候，我觉得需要证明我自己，因为这里是心理学超级明星聚集的地方。20 世纪 60 年代的动荡时期，我开启了在斯坦福大学的早期职业生涯。以我的理解，斯坦福并不打算做西部的哈佛，而是要成为全世界最好的大学。我觉得他们做了一个自上而下的决定。我认识的那些董事会的董事根据管理层的决策，决定要打造“卓越中心”，因而在数学、生物学、心理学和其他项目中投入了大量的资金。

我不知道心理学在其中究竟扮演着怎样的角色，但我是在 20 世纪 60 年代末、70 年代初的教员扩招中加入的。当时学校四处聘用顶尖的人才，我很幸运地成为其中之一。自 70 年代初至今，斯坦福大学心理学系一直被认为是世界上最好的心理学系，这一评价保持了 40 年。我认为这是很了不起的成就。

我不太清楚心理学系的现状如何，因为很多有名的资深教授要么去世了，要么退休了，要么年事已高。那些被聘用的年轻人都很棒，但他们还需要一段时间去建立声名。在那些美好的旧时光里，出现了很多让我产生共鸣的人物，包括人格心理学领域的沃尔特·米歇尔和阿尔伯特·班杜拉。那时米歇尔刚刚离开哈佛，后来又去了哥伦比亚大学，但中间有一段时间，他和班杜拉在斯坦福一起工作了几年。在发展心理学领域，有埃莉诺·麦科比（Eleanor Maccoby）和约翰·弗拉维尔（John Flavell），以及其他几个人。实验心理学领域一直是戈登·鲍尔的天下，还有理查德·汤普森（Richard Thompson）。卡尔·普里布拉姆（Karl Pribram）则是我们的“动物专家”，他研究的是猴子而不是老鼠。后来他去了东岸的乔治·华盛顿大学，2015 年去世。

在这些人之后不久，斯坦福心理学系又聘用了一位重要人物，那就是以色列人阿莫斯·特沃斯基，他和当时在加州大学伯克利分校的丹尼尔·卡尼曼一起做了很多工作。他们的很多思想实验是在我的心理学入门课上进行的，因为在一个大课堂上，他们可以同时操纵 4 种不同的条件。特沃斯基不仅是我见过的最聪明的人，也是最友善和最谦逊的。卡尼曼因为两人的工作获得了诺贝尔经济学奖，但可惜那时特沃斯基已经英年早逝。

在社会心理学领域，在我加入之后不久，我们又聘用了李·罗斯和马克·莱珀（Mark Lepper），当然还有克劳德·斯蒂尔（Claude Steele）。达里尔·贝姆（Daryl Bem）也是社会心理学领域的一员，但他同时也是一位普通心理学家，还是超级棒的讲师和令人惊叹的魔术师。达里尔·贝姆和桑德拉·贝姆（Sandra Bem）是系里众多夫妻档中的一对。桑德拉提出了独特的“心理双性化”理论，赢得了自己的声誉。尤尔特·托马斯（Ewart Thomas）是数学与统计学大师。后来我们还聘用了埃伦·马尔克曼（Ellen Markman）和布赖恩·万德尔（Brian Wandell）。每一个领域都很强，而且从来没有出现过明争暗斗。没有人妒忌，大家都彼此敬重。

总之我想说的是，当时的斯坦福心理学系在 5 个主要领域都非常强大。这几个领域得以互通的根基，在于它们都与认知有关：社会认知、认知发展和认知实验。

后来我们聘用了黑兹尔·马库斯（Hazel Markus）和珍妮弗·埃伯哈特（Jennifer Eberhardt），接着还有卡罗尔·德韦克。在 20 世纪 70 年代早期，心理学系空前强大。罗伯特·扎伊翁茨也从密歇根大学来到斯坦福。这里真的是一个激动人心的地方，人们可以公开交流想法。我组织教员们每周一晚上在一位教员家里作讲演，不过后来发现，由教师对教师做讲演，完全没有学生，实在太令人生畏了。这种聚会只持续了一阵子，但在开展期间感觉还是很好的。

在教员之间，有一种整体性的积极动力。当我着手修订《心理学与生活》时，我去找了所有相关领域的教员。譬如我会说："戈登·鲍尔，我要开始写'记忆'这一章了。记忆有趣在哪儿呢？有什么令你感到兴奋的？"我基本上听取了每个人的观点，"记忆入门"这一章里该讲什么，"发展心理学"这一章里该讲什么，等等。他们无偿地提供了自己的见解，让我能够以一种激动人心的方式为心理学入门课的老师和学生呈现这些内容。

那时候，我与所有教员都有这种个人联结，很少有人能做到这一点。《心理学与生活》共有 16 个不同的章节，每一章分别有一个主题。于是我得以了解到每个人都在做什么，而他们也能以一种更个人的方式了解我。我一直是个喜欢社交的人。我还安排了每月一次的教员聚会。大家会聚在某个人家里，由另一个人作一次职业回顾，还有饮料、小吃等。这是一件有趣的事情，但之前从没有人想过要这样做。身处那样的环境，在智力上真是令人陶醉。

我还有意选择去和其他人合作教一门所有研一学生的必修课。通常，这门课是由系主任来教的。我问他是否可以让我也加入。在这门课上，每周都会有一位教员来到课堂上，告诉学生们自己在研究些什么。于是到了学年结束的时候，我已经了解了每个人的研究方向，完全不需要再去阅读他们发表的文章。因此，从根本上，我在努力地成为一个好同事，努力去了解每个人的工作，同时也让他们知道我在做什么。他们的研究真是令人赞叹。

跨学科交流与学校管理

当年的斯坦福没有多少跨系合作，各个系相对孤立是我们的弱点。不过发展心理学很早就与一些儿童福利项目有接触，我记得是“男孩镇”（Boy’s Town）中的一个合作项目。他们已经设立了自己的办公室，但项目最终并没有做成。我们系早期的一次合作是与斯坦福法学院，由我亲爱的同事戴维·罗森汉（David Rosenhan）组织，他创新性地开设了“心理学和法学”课程。但选修这门课的人大多数最终都去从事法学，而非心理学了，因为法学比心理学更容易获得声望和金钱。奇怪的是，与我们有着最长期关系的是商学院，因为斯坦福商学院非常倚重社会心理学，那里从一开始就有着一些社会心理学家。随着时间推移，商学院意识到了在商业中最重要的技能是理解社会群体、交互和动力学，因此他们那里一直有几个心理学家，也一直有很棒的社会心理学课程。

渐渐地，商学院和心理学系开始共享一些教授。贝努瓦·莫宁（Benoit Monin）是我们系里一位特别出色的社会心理学家。他可能在商学院教了一门课，或者是商学院的研究生来心理学系上了他的课，而且很喜欢他，因此后来他在商学院有一半教职，在心理学系也有一半教职。问题是，商学院刚入职的助理教授的工资就和心理学系的正教授差不多了。一旦去了那里，基本上就不会回来了。去医学院也是一样。我们与教育学院一向交流不足，与社会学系或精神科则几乎没有任何接触。我认为这是斯坦福的不足之处，即对跨学科交流没有任何积极的鼓励。或许应该自上而下地从院长和系主任开始，促进院系之间的交流与合作。令人惊奇的是，后来斯坦福却是以跨学科的工作而著称的，把生物学和科技的整个领域整合到了一起。但我在那里的时候，并没有这一切。我一直为没有更多的学科交叉而感到遗憾。

我从未把精力花在管理上。我不是一个行政人员，虽然我曾是拥有 5 万会员的美国心理协会的主席，但那里有一整套班子负责运作。我上台做了一些革新的项目，在舞台上展示了自己，然后就离开了。

我也没有在任何层面上过多参与大学的管理，虽然本应参与得更多些。不过学校一直运营得很好。我想大家都觉得约翰·汉尼斯（John Hennessy）是位非常不错的校长，促进了我们与科技界的联系，从而把学校的财政搞得很好[①]。他的前任是格哈德·卡斯珀（Gerhard Casper），再之前是我的好友唐纳德·肯尼迪（Donald Kennedy）。我与肯尼迪走得挺近，因为有时候他会就一些问题来询问我的意见。他是一个精力充沛、充满活力的家伙，创立了人类生物学课程。随着我的心理学入门和其他课程的成功，人类生物学吸引了很多学生加入这个充满冒险的新项目。我们系的心理学一直有着拥有优质师资的名声。我们会认真进行课程评估，将其记入教员的档案。对所有新任教授，我们会有几个教员坐在课堂上，向新人给予反馈，这是很罕见的，据我所知在美国其他地方从未有过。在本科生和研究生中，我们都备受好评。

① 你可以在汉尼斯校长的《要领》一书中读到他的领导十得，该书中文简体字版已由湛庐文化引进、浙江教育出版社出版。——编者注

心理学一度是斯坦福最热门的专业，学生超过 500 人。而教员人数很少超过 25 人，根本忙不过来。后来似乎出现了经济学热，很多学生都去学经济了。另外就是肯尼迪设立了人类生物学课程，所有想学生物学但不想沾血的医学预科生都从我们这里转去了那边。我们的学生从 500 人减少到 250 人，并一直保持着这个数量，这绝对是一件好事。这样便于管理，不是吗？在此之前就很难管。

人类生物学是一个跨学科项目，一直是一个全国性的榜样。它从来不是一个系。肯尼迪有一个绝妙的点子：从心理学、生物学、化学等各学科中挑选几名最好的老师，各自出力。赫兰特·凯查杜里安（Herant Katchadourian）就是其中的超级巨星。能与我的课程的上座率相抗衡的只有两门课，那就是赫兰特·凯查杜里安的“人类性学”和威廉·德门特的“睡眠和梦”。

说到威廉·德门特，还有一件有趣的事。他在医院里进行着有关睡眠的开创性研究，我对此早有耳闻，还参加过几次学术会议。于是我邀请他到心理学入门的课堂上做一次讲座。

他说：“我不干这种事。”他从来没在报告厅里讲过课，只办小型的研修班。

我说：“讲大课十分神奇，你会爱上它的。”

他被我说动了。他在课堂上侃侃而谈，果真喜欢上了这种感觉。打那以后，他就欲罢不能了，开始讲“睡眠和梦”的大课，并使之成了斯坦福的经典。

另一个对我有着重要影响的人是生物学系的罗伯特·萨波尔斯基，他的聪明才智与阿莫斯·特沃斯基旗鼓相当。每当我听到学生说，有一个很棒的家伙在教一些特别的东西，就会去那个课堂上，听听究竟好在哪里。听完萨波尔斯基的课之后，我不禁感叹："哇，这家伙真了不起！"于是我邀请他来我的课上讲讲应激，因为他写了一本书《为什么斑马不会得溃疡》(*Why Zebras Don't Get Ulcers*)。

要知道，我总是喜欢玩点花哨的东西，在讲课时会利用很多视觉素材。我总是会放电影，还有幻灯片、投影、音乐、现场演示，以及各种各样特别的东西。我的讲台上充满活动，到处都在燃烧。我隆重介绍了萨波尔斯基，然后他登上乔丹楼40号教室的小小讲台，说："谁能给我一支粉笔？"这里插一句，后来我真的送过他一个粉笔盒作为礼物。课堂里有人笑了。他开始在黑板上写字："当你面临压力的时候，感受如何？"他让学生们把反应一条条写下来，然后把应激的10个方面都过了一遍，还从多个层面加以分析。他介绍了自己在非洲进行的有关黑猩猩的开创性实地研究。他的课讲得非常好，但有一个问题，那就是他虽然很幽默，但节奏太快了，学生们来不及反应。我在课堂上笑得不行，但环顾四周，学生们并没有领悟笑点，因为这些笑话是有关吉尔伯特和苏利文的，有些深奥，只有知道这是来自两人的代表作《班战斯的海盗》或诸如此类的故事，才能够领会笑话的关键所在。

萨波尔斯基是我心理学入门课的常客。每年他都会来，总是那么令人着迷，我们成了非常亲密的朋友。萨波尔斯基真的在智力上与阿莫斯·特沃斯基旗鼓相当，他们两人是我认识的最聪明的人。萨波尔斯基2017年写了一本了不起的书《行为：暴力、竞争、利他，人类行为背后的生物学》(*Behave: The Biology of Humans at Our Best and Worst*)，其中写到了我的很多有关基于情境的邪恶的研究。

总之，面对这么多优秀的教师，我尽己所能，从每个人那里得到一点点收获。

招贤纳士：少数族裔和女性教师的加入

斯坦福的心理学系人才济济。除了之前提到过的阿莫斯·特沃斯基以外，罗杰·谢泼德（Roger Shepard ）也是一个稀有“品种”，是一个超级有创意且充满个性的理论家。

系里会有一些教员的辩论，争论往往很激烈，而谢泼德会跑到中间，说：解决这个问题有三种方法，如此这般。在这三种方法中，这个是最没前途的，我觉得我们应该关注剩下这两个，我会押这一个。然后大家会说：“好吧，你说得对。”教员会议通常是很友善的，但也会出现争论，不过通常并不严重。从来没有人试图执掌大权。特沃斯基会非常干脆地说：“让我做个记忆转储，从认知层面给你们讲讲我对这件事的看法。”而我们都会对他的看法表示同意。

特沃斯基一讲完，我和其他人就会说：“哇，我怎么没想到呢？”他就是那么出类拔萃。李·罗斯与他很亲厚。罗斯也具有那种近乎半天生的敏捷才智，当每个人都纠缠在更肤浅的东西上时，他却可以超越表象，看到真正重要的问题。

研究社会心理学的阿尔伯特·哈斯托夫有几年是系主任，后来他升任院长，接下来又做了斯坦福的教务长。他精通大学管理之道。在他之后，系主任的岗位开始实行轮换制，也就是说，每个人都轮着担任，只要有此意愿，每个人都可以担任两三年的系主任。心理学系就是这样，一直都是大家一起做决定。我们从来没有一个强势的系主任说："我们系应该朝这个方向发展。"而是总在自问："我们的弱点在哪里？还需要在哪些地方加强？心理学领域的发展方向是什么？我们还需要把哪些领头的研究者请到这里来？"

还有，我们会请一些可能成为心理学系后备力量的人参加座谈会，看看他们到底怎么样。有一件很可惜的事。我们心中最好的一个本科毕业生彼得·萨洛维（Peter Salovey），是一个非常聪明、充满活力、令人激动的人。本科毕业后他去了耶鲁读研究生，与朱迪丝·罗丁密切合作。他即将从耶鲁毕业时，我们在社会心理学方向刚好有一个空缺职位。我说："他是合适的人选。我们了解他，他很努力，也富有创意。"这辈子让我觉得最难过的事情之一是，在我尽力举荐之后，他来了，做了一次很糟糕的试讲，简直堪称史上最糟糕的试讲之一。

萨洛维曾经在斯坦福讲过课，当过助教，当时学生们都很喜欢他。然而这一次，我坐在那里听着他的试讲。这是一次低级别的心理学入门课，在座的有阿尔伯特·班杜拉、戈登·鲍尔、马克·莱珀、埃莉诺·麦科比、阿莫斯·特沃斯基等，所有的聪明人都在。大家都说不可能雇用他。是我邀请他的，这是当时我在学术决策中最糟糕的一次经历了。同事们说："津巴多，你是认真的吗？"我说："他应该再讲一次，要不给研究生讲吧。"于是萨洛维又讲了一次，还是很糟糕。我简直难以置信。原来他在耶鲁的时候，朱迪丝·罗丁一直很忙，没有跟他一起把课过一遍，因此他并没有做好充分的准备。而且这的确是一门心理学入门课，并不适合研究生。

后来萨洛维在耶鲁工作，并荣获最佳教师奖，有成百上千的学生来听他讲课。他还做了很多原创的研究，现在已经成为耶鲁大学的校长，而且一定做得长，因为他杰出、迷人，擅长在校友中筹资。我还记得那是同事们难得有一次对我说："津巴多，你推荐了这么个人，以后我们可不会再信任你的判断啦！"但最终，事实证明我是对的。萨洛维会成为一颗明星，只可惜不是在斯坦福，而是在耶鲁的宇宙中闪耀。

在那些年里，有关非裔美国人的问题存在了一段时间。在 20 世纪 70 年代中期，阿尔伯特·哈斯托夫和我认为，应该鼓励非裔美国学生申请学位，招收更多的非裔研究生，并四处寻找有潜力的非裔教员。哈斯托夫让我负责这个任务。我们会对非裔研究生给予特别的考量。有段时间，我们有五六个非裔心理学研究生，比斯坦福的其他项目组或者心理学系的其他领域都要多。接下来，我们还需要非裔教员。那时很少有非裔教员。不巧的是，我们最初聘来的两个非裔教员都不甚理想。其中一个是菲利普·麦吉（Phillip McGee），他对戏剧更感兴趣，把一半时间花在了戏剧学院。另一个是锡德里克·克拉克（Cedric Clark），他很快就卷入了黑豹运动[①]。会有人开着一辆宽敞的轿车送他到系里来，他的办公室里还会有保镖！

1970 年搬到乔丹楼后，系里的每个专业领域各自划分出一个单元。社会心理学家在三楼的后面，人格心理学家在一楼右侧，发展心理学家在二楼左侧。但我没有到楼上的社会心理学那个单元去。系主任理查德·阿特金森（Richard Atkinson）对我说："如果你能够待在二楼就太好了，因为你跟新学生和新教员相处得特别好。"如果我答应的话，他保证会分给我两个相邻的房间，一间用作办公室，另一间可以作为接待室。成交！在 1971 年 8 月的斯坦福监狱实验期间，我就睡在那间接待室里的沙发上。我决定把这个地方变成"津巴多非裔美国人角"，最初的成员包括我和几个与我一起工作的研究生：克里斯蒂娜·马丝拉奇、克雷格·黑尼和柯蒂斯·班克斯。班克斯是我们招来的第一批非裔研究生之一。锡德

① 指非裔美国人的民权运动。——编者注

里克·克拉克的办公室也在这里，菲利普·麦吉在他隔壁，他们都有自己的非裔秘书。还有一个办公室属于三个非裔研究生，他们是玛丽·班克斯（Mary Banks）、韦德·诺布尔斯（Wade Nobles）和肯·蒙蒂耶罗（Ken Montiero）。蒙蒂耶罗和我一起发表了有关催眠的文章，他曾在欧内斯特·希尔加德（Ernest Hilgard）的催眠中心工作，后来在旧金山州立大学做了很多年少数族裔研究主任。

在黑人研究的专业领域，所有这些学生中后来最有影响的可能要数韦德·诺布尔斯。他在加州奥克兰成立了黑人家庭生活和文化高级研究院（Institute for the Advanced Study of Black Family Life and Culture, Inc.），多年来担任主任，目前已退休。他也是一位多产的作家、投入的演讲者和非裔心理学的长期倡导者。

有一个南方来的非裔学生非常反叛，我记不得他的名字了。他憎恨非裔教员，说他们是“汤姆叔叔”，没有为普通黑人做过任何贡献。后来他坚持不在博士论文中列出导师的名字，当时我就是他那个名义上的论文导师。后来有一个很棒的黑人研究生迈克尔·哈伯德（Michael Hubbard），他与李·罗斯一起工作；欧文·布朗（Irving Brown）在人格项目组；威利·史密斯（Willie Smith）在发展心理学领域做研究。总而言之，我觉得就招募少数族裔学生来说，当时我们系做得相当不错了。

班克斯和我密切合作，先是斯坦福监狱实验，后来还有一些研究，他短短三年就获得了学位，即使在那时也实属罕见。他是普林斯顿的第一位非裔教授，得到了终身教职，但后来决定离开那里，在霍华德大学做出更大的影响。他创办了《黑人心理学杂志》（*Black Psychology Journal*），成为很多黑人心理学家的榜样。于公于私，我一直与他十分亲密。只可惜，他英年早逝。

后来，我们还雇用了克劳德·斯蒂尔。他棒极了，一直做着创造性的原创工作。我在他职业生涯的早年就认识他了，那时他在做有关酒精成瘾的研究，十分有趣。随后他开始研究刻板印象威胁，吸引了很多研究生。他显然是美国非裔心理学家中的著名思想家。现在他已不会被仅仅看作一个非裔心理学家，而是心理学家中的著名思想家。他为我们系增添了新的人气。我很高兴自己在邀请他加入的过程中助了一臂之力。后来，他进入了哥伦比亚大学和加州大学伯克利分校的最高管理层。

1971 年，克里斯蒂娜·马丝拉奇成为加州大学伯克利分校心理学系几十年来的第一位女性教员，显然，由于我与她的私人关系，我也开始鼓励我们系多多聘用女性教员。我们有相当多非常出色的女研究生。安妮·费纳尔德（Anne Fernald）是第一批获得终身教职的女性成员之一。埃伦·马尔克曼也是一位很棒的同事，她一路升迁到了斯坦福大学的管理层。

后来我们聘用了黑兹尔·马库斯，她和罗伯特·扎伊翁茨也是一对夫妻档。扎伊翁茨是一个很棒的新成员。他在密歇根大学做了很多的原创研究。他在那里完成本科和研究生学业，一路发展，直至成为系主任，领导着团体动力学研究项目，同时也是一位声誉极佳的老师和领袖。马库斯曾是他在密歇根大学的学生，我估计是研究生。我们真的很想把扎伊翁茨挖过来，所以最终打包聘用了他们两个。马库斯后来成了文化心理学界的超级明星。我们系的文化心理学一直很弱，她成了补充力量。还有珍妮·蔡（Jeanne Tsai）也拓展了我们对文化心理学的关注，她和神经心理学领域的布赖恩·克努森（Brian Knutson）又是一对夫妻档。接下来我们又聘用了非裔教员珍妮弗·埃伯哈特，她也是一个很好的补充力量，最近她获得了麦克阿瑟天才奖。我和她一起教了一年社会心理学，是不错的搭档。对了，还有芭芭拉·特沃斯基（Barbara Tversky）。她是阿莫斯·特沃斯基的妻子，有一段时间也教了几门很好的课程。最重要的一次聘用是卡罗尔·德韦克，她在思维模式上的原创想法推动了教育乃至体育的革命。在英雄想象项目的教育性干预中，也引入了她提出的成长型思维的价值，并将之传播到了世界上的几十个国家。

在接下来的10年间，我们还雇用了很多出色的女性。劳拉·卡斯滕森（Laura Carstensen）把儿童发展课程拓展成了毕生发展课程，并创立了独一无二的斯坦福长寿中心。她嫁给了伊恩·戈特利布（Ian Gotlib），此人出色地担任了系主任。这二人是我们系的众多夫妻档之一，同为夫妻档的还有马库斯和扎伊翁茨，以及马克·莱珀和珍妮·莱珀（Jeanne Lepper）。珍妮做了几十年斯坦福宾格幼儿园（Bing Nursery）的园长，我在那里就学龄前儿童的害羞研究做过一些初期的观察。另外我们的语言专家赫布·克拉克（Herb Clark）则与语言系的伊芙·克拉克（Eve Clark）结了婚。

在社会心理学领域，我们聘用了费利西娅·普拉托（Felicia Pratto），她后来在社会支配论（Social Dominance Theory）方面做出了开创性的工作。可惜的是，因为在评审期间没能发表足够多的重要研究，她没有获得终身教职。接替她的是特立独行的社会心理学家乔治·夸特罗内（George Quattrone），他有着原创性的概念，也是个不错的老师，但他的生活方式十分古怪，惹来了麻烦，最终辞去了我们系的工作。

近来，斯坦福心理学系仍在继续聘用杰出的年轻女性研究者，如社会心理学和教育心理学领域的阿利娅·克拉姆（Alia Crum）。另一颗明日之星是卡拉尼特·格里尔-斯佩克特（Kalanit Grill-Spector），她研究计算方法和神经成像，我称之为“硬心理”领域。杰伊·麦克莱兰（Jay McClelland）、布赖恩·万德尔和杰夫·瓦恩（Jeff Wine）一直是该领域里极具实力的代表。最后，我还要提及一位年轻的指导员布丽吉特·哈德（Brigitte Hard），她多年来一直是心理学入门课的协调人，与明星讲师詹姆斯·格罗斯（James Gross）密切合作，延续着我们拥有全美最好的心理学入门课的悠久传承。

倡导非学术的心理学职业发展

在大学里招募和留住少数族裔或女性教员引领了潮流，但我想这也是在表明一种态度。我们不希望心理学系是白人的天下，也不希望它是男人的天下。这并不是为了政治正确，而是因为不这样做就是在局限我们自己，也局限了给研究生的榜样作用。我们想让世界上最好的学术型、研究型的心理学家都来到我们这里，不论种族、信仰或性别。

我还做过另一件事情，现在想来也是很超前的，就是倡导研究生去科技公司任职。在过去，我们会选择最优秀的研究生去从事学术工作。会有公告传来，或者电话打来，通知我们在普林斯顿、耶鲁、哈佛、杜克或纽约大学有职位空缺。教员则会讨论在所有学生里谁是最合适的，因为他们需要去那里做个试讲。然后我们真的会帮助他们准备试讲，因为任何专业的学生都不会直接跑去自己试讲。通常他们会就自己的领域，比如社会、认知或发展心理学做个演讲，我们会给他们反馈，告诉他们如何让演讲变得更加令人印象深刻。

我们的学生几乎都能够得到他们去应聘的工作。然而到了 20 世纪 90 年代，那些没能得到理想的学术性工作的学生开始进入硅谷就职。那时，这一世界级的科技中心刚刚起步。要知道，那是非学术性的专业工作。他们感觉糟糕透了，觉得这显然是二流的工作。我意识到学校没有帮他们做任何准备。他们也是斯坦福最顶尖的学生，也拥有斯坦福心理学系的心理学学位。我说："我们真的需要更好地帮他们准备。他们再也不会去教书了，我们为了教他们如何教学所投入的所有努力都付诸东流。反之，我们应该教他们如何成为好的职业心理学家。”我开了一门新课程，叫“成为职业心理学家”。这门课面向所有研究生开放，但当然是为正在考虑非学术工作的人准备的。对我们的毕业生来说，硅谷有着很多报酬丰厚的工作，而且最终这里成了世界级的科技中心。有些工作也是研究性的，不过是由团队主导的应用性研究，系里并不看重这样的研究，但在我的课程里，我对此是很鼓励的。

事实上，临床心理学十分倚重应用性研究。我来斯坦福之前，这里曾有一个很活跃的临床项目，还有一家诊所，但是斯坦福管理层决定要把心理学系建成一个“卓越中心”，而卓越就意味着发表论文、获奖、拿基金。如果做临床项目，就要花很多时间与病人打交道，还要做督导，便发不了多少论文了。因此很多人得不到提拔，士气低迷。

后来，班杜拉、米歇尔和其他人格心理学家说，要想运营一个全国性的一流的临床项目，必须投入大量资金。他们需要一家诊所、齐全的员工、秘书、研究协调人等。系里觉得不值得这样做，因而他们解散了诊所。很多人觉得，这一直是我们系的薄弱之处，我们的学生得不到任何临床训练。在教育学院始终有一些临床培训，对于那些偏向临床的学生，我总是会把他们送到临床教育的各位教授，尤其是我最出色的学生之一苏珊·安德森那里，她在纽约大学领导着一个临床研究项目。

我个人一直对临床心理学感兴趣。我在耶鲁学过的最好的一门课可能就是欧文·雅尼斯的变态心理学。在那门课上，每周有一天，我们会在康涅狄格州州立精神病医院对精神病患者进行访谈和测试。我在耶鲁毕业后去了西黑文退伍军人管理局医院当博士前研究员，上文中提到过，那是为了避免被征召入伍。我总觉得心理学家应该全面发展，拥有临床背景，也拥有社会、认知和文化心理学的背景。

所以，我差不多是第一个开始这么告诉学生的人：“如果你不走学术这条路，就需要掌握以下这些知识。”我会把在退伍军人医院工作的人、在美国基因工程技术公司（Genentech）工作的人请到课堂上来。我不记得当时是否已经有苹果公司了。这些人会来到斯坦福，告诉学生们他们在做什么、需要什么样的能力，等等。我还发现，如果在商业环境中工作，研究永远是一项团队工作，几乎从来不是属于个人的。你永远不会因为学术业绩而获得晋升，因为不论做什么，你身边永远有一群团队成员。

这让学生们开始以不同的方式思考。斯坦福的训练没有为他们做好这方面的准备，这里的学生在每件事情上都想争第一。但现在他们需要转变方向，把自己视为团队的一员。我的课是给大学三年级学生上的，因此他们还有一年时间去思考如何合作，如何在一个合作性的网络里与其他学生甚至心理学系以外的人共同做研究。我为此感觉甚好。

复兴音乐教学，创办心理学俱乐部

在过往的生活中，还有很多有趣的事和有趣的人，比如斯坦利·盖茨（Stanley Getz）就是其中之一。

1967 年，也就是我来斯坦福的前一年，旧金山诞生了“爱之夏”（Summer of Love）[①]。直到第二年还有点余味。我来了之后，一些研究生带

① 1967 年的一场盛大集会，标志着嬉皮文化和摇滚的巅峰。——编者注

我去菲尔莫尔大剧院（Fillmore Auditorium）听了几场摇滚乐。音乐极具创意，各大摇滚乐队即将前来此地表演的宣传海报也充满艺术气息，张贴得到处都是。在纽约大学的时候，我习惯了埋头工作，几乎没有时间去听音乐或是了解什么乐队。我只知道披头士乐队。

我开始关注音乐，对我来说，我所做的最为重要的事情中有一件就是复兴音乐教学，而我是拥有这个想法的一小撮教员之一。斯坦福建造了一座新的大楼——音乐系的布劳恩音乐中心。学音乐的很多学生对此都不太开心。我们决定，需要有一个住校的音乐家，全天在学校里，会教书，最理想的是教爵士乐即兴作曲，还会表演。

教员们碰了头，发现斯坦利是合适的人选。那时他住在东部，我们邀请了他。

背景故事是这样的：我和斯坦利是詹姆斯·门罗高中的校友，我比他早几届。在他 16 岁读高二的时候，被杰克·蒂加登（Jack Teagarden）招进其乐队，参加全美巡演，于是没能高中毕业，这一直让他觉得很遗憾。他之所以来到斯坦福，我想其中一个原因就是希望让自己的名字能与斯坦福联系在一起。我马上给他做了名片，至今我还留着一张，上面写着“斯坦福大学住校音乐家斯坦利·盖茨”。他很喜欢斯坦福。他不仅教爵士乐即兴作曲课，每个学期还会举办一场演出，邀请最顶尖的音乐家。演出每年夏天在弗罗斯特圆形剧场里举行，做了六七年，学生们和他皆大欢喜。有一次我请他来我家里吃晚饭，他说自己刚同休伊·刘易斯和新闻摇滚乐队（Huey Lewis and the News）录完唱片，这是他第一次没有在酒精的影响下表演。现在他认识到，自己并不需要酒精。他告诉我，如果没有喝醉的话，有几百首他录制的歌原本都会更好。我真的为此感到非常高兴。

还有一件让我感觉良好的事情，就是我为创立美国国家荣誉心理学会（Psi Chi）做出了一些贡献。然而我意识到，要获得加入荣誉学会的资格需要很多学分，因此学生们只有进入高年级后才可能加入。于是我决定开办一个心理学俱乐部，这样任何心理学专业的学生在获得了一定学分后就都可以加入，得到一定的尊重。接下来，我和我最优秀的研究生之一乔治·斯拉维奇（George Slavich）决定主办一个全国性的心理学本科生年度研讨会，由本科生负责组织一切事宜。大会在每年 5 月底的一个周末召开，历时两天。它至今还在举办，而且比以前规模更大了。这件事我们已经做了十几年，我大约每两年会做一次开幕演讲。

这都是我在斯坦福做过的一些小事，它们富有创意和价值，现在回想起来，我仍然很高兴花时间去做了所有的一切。

近年来，学生群体中重新出现了游行、抗议等活动。我不知道这是否与最近特朗普当选总统有关，又或是与正在改变世界的那些事件有关，右翼政治领袖和政党的崛起真是令人不安。对我来说，让学生和教员密切合作一向非常重要，因为教员可以带来一些平衡和历史教训：我们做过什么，哪些没有用，何不换个方式来试试。我在斯坦福心理学系的时候，有一件事情很棒，那就是系里的所有教员都很年轻，有一段时间所有人都在 40 岁以下，整个心理学系充满了活力。问题是现在它已经开始衰老，渐渐失去了在那些“美好旧时光”里的年轻活力。

如今，又有很多年轻的新教员在以新的方式重建心理学系。我很高兴现在的学生更加积极了。如果教员和学生在学术和政治问题上都能有更加紧密的合作的话，我就更开心了。在心理学系，向来是几乎每一位教员都拥有自己的研究实验室，研究生和本科生会一起进行相关的项目工作。实验室每周开一次会，其他教员和学生也可以参加，就说“我是李·罗斯实验室的”或者“我是费纳尔德实验室的”，或是其他哪个实验室的成员。这也是很特别的。你不会因此获得学分，但可以真正采取行动。本科生可以大量地参与研究工作，这也是较为罕见的。

最幸福的回忆

我还想到一些奇怪的回忆，那就是我充当了最喜欢的一些学生的媒人。比如路易克拉克大学的教务长杰鲁莎·德特韦勒－比德尔（Jerusha Detweiler-Bedell）和主席布赖恩·德特韦勒－比德尔（Brian Detweiler-Bedell）。杰鲁莎曾是心理学入门课上的尖子生。我经常会出一些很难的考题，而她总能拿到98分甚至100分。布赖恩则是我的首席研究助理。有一次在我的办公室里，他们两个正好都在。我问：“你有男朋友吗？”没有。“你有女朋友吗？”也没有。我说：“你们两个非常般配。考虑一下，去更好地了解彼此吧。”

他们俩后来都去了耶鲁，决定待在同一个地方。后来他们又去了路易克拉克大学，一手打造了那里的心理学系，并喜结连理，生了三个孩子。他们还为本科生写了一本如何做研究的书。

我觉得自己一直是一个顾家的好男人，因为西西里文化就是以家庭为先的。并不是说要把家庭排在其他所有事情之前，而是要给孩子们灌输家庭的重要性，要对家人忠诚，不仅为直系亲属奔忙，也为远房亲戚操心。克里斯蒂娜和我有两个女儿：扎拉（Zara）和塔尼娅（Tanya），我们经常能见到她们。塔尼娅住在旧金山，扎拉刚刚搬到奥克兰。我们会尽力安排大家一起在我家或者餐厅里吃晚餐。我的儿子亚当（Adam）是我在第一次婚姻中与罗斯生的孩子，他带给我一个孙子和一个孙女：“熊猫”小菲利普（Philip）和“小兔子”维多利亚·利（Victoria Leigh)。我们会每月一次去他们位于戴维斯的家中拜访，或者他们来我们这里，现在有时也会打网络电话。科技带来的好处之一就是让我们可以远程视频通话。这真令人满意。

有两件事改变了我们所有人的生活。一是我们目前所住的位于蒙特克莱尔露台 25 号的房子，它就在伦巴德九曲花街的半腰上，是在 1972 年以 17.5 万美元购买的。这是一栋带有车库和花园的 4 层联排别墅，视野极好。当时我们觉得它简直贵得离谱，不得不从朋友、亲戚等处借了很多钱。而如今它可能已经价值 500 多万美元了。我们还和克里斯蒂娜的娘家一起在海洋牧场（Sea Ranch）购置了一小块地。那时克里斯蒂娜的祖母已经 90 岁了，表示想在海边终老，于是出钱给我们找了一个建筑师。

我们在一个叫“海滩漫步”的地方造了一栋很好看的房子，真的可以走到海滩上去。它由著名建筑师约瑟夫·埃谢里克（Joseph Esherick）设计。埃谢里克和其他两个人共同经营着一家很棒的建筑公司，修建了蒙特雷湾水族馆等许多辉煌的建筑。我的岳父乔治·马丝拉奇（George Maslach）是加州大学伯克利分校职业学校和学院的教务长。埃谢里克是他的朋友和同事，于是他介绍埃谢里克做我们的建筑师。埃谢里克为我们设计了一栋很独特的屋子。那是我们一大家子人定期聚会的地方，在家庭节日聚会的大日子里，所有人都会齐聚一堂。几个小家庭也会分别在那里住一段时间，有时待一个周末，有时是一个星期，或者更长时间。那是一个遁入大自然的绝佳之处。

我有好几本书就是在那里写的。我会在那里待上一两周或更长时间，埋头无休止地写啊写，没有任何分心的事。最初写心理学教材的时候，我不是打字，而是手写的。我写出一大堆东西，由秘书过来把这些手稿收集起来，打成文稿，我手动编辑后再返给她，最后由她打出终稿。当我的秘书将要退休的时候，她建议我试试梅维斯·比肯的打字训练，屏幕上方会有一些小东西落下来，需要按特定的键，比如 Y 或者别的字母把它们击落。我就这样学会了打字。它确实快速有效，简直难以置信。在读研究生的时候我手写了很多东西，论文也是手写的，然后交给一个打字员，要花很多钱才能打出来。那时他们一般是按页收费的，不能有任何打字错误，否则就无法提交给论文委员会了。而现在我是一个很好的打字员了。但我显然做得有点过度了，因为频繁的打字动作，我做了三次腕管手术。幸而如今有了声龙听写（Dragon Dictation）这样的语音识别应用，科技拯救了我！

最引以为豪的工作

科技帮了大忙。我已经写了 60 多本书。我从第 8 版时开始参与修订《心理学与生活》，每三年更新一版，一直到第 19 版完成之后才退出。《津巴多普通心理学》（*Psychology: Core Concepts*）是我主写的中级心理学入门书籍，至今已经与合著者们写到了第8版[①]。我还写了600多篇文章，有学术论文，也有科普文章。我也为《今日心理学》每月更新一篇博客，每月还在为一本意大利期刊和一本波兰期刊写稿。

这其中，最令我骄傲的是，在《今日心理学》杂志创刊不久的时候，我写了一篇小文章《一种名为害羞的社会性疾病》，它产生了很大的影响。那期杂志封面是一个裸体的男人站在鸡尾酒会上，却没有人看他。他很害

① 《津巴多普通心理学（原书第 7 版）》中文简体字版已由湛庐文化引进、北京联合出版公司出版。——编者注

羞，也很窘迫，即使裸着身体，也没有人留意到他。很多读者给编辑写信，差不多都是在说："我需要帮助！"这鼓舞着我去帮助他们，由此开始了对害羞的研究。

回顾我的职业生涯，我所做的最有趣的工作就是围绕害羞进行的。从斯坦福监狱实验中，我抽取了一个核心问题：我们是如何制造自己内心的监狱的。接着我在课堂上以隐喻的方式讲述了它，然后回应了学生们对这一话题的兴趣，开办了一个有关害羞的新研讨班。从那门课中产生了原创的害羞研究，从那个新的研究中又产生了原创的害羞治疗项目，并开办了害羞诊所，由此我还写了几本畅销书和很多专业论文，做了大量会议讲演。回过头来想，那可能是我曾经做过的最好的组合，结合了我对社会问题、研究和教学的所有兴趣，并把这一切都整合成了可以带给大众的实际性应用和有用的信息。如果在我的全部工作中选择一件最爱，我会选择它。

我的墓志铭

说到未来，我希望留下什么遗产呢？或者说，我希望在墓碑上刻些什么呢？绝对不能只是斯坦福监狱实验。我想要的是另一种遗产。而问题是，目前我最广为人知的遗产就是与斯坦福监狱实验绑定的。

我在布达佩斯坐出租车，司机问："你是做什么的？"

我说："我是一个心理学家。"

他问："你有没有听说过美国人做的一个研究，把孩子关在监狱里？"

“听说过，我对它很了解。”

这就是斯坦福监狱实验的诅咒，它就像一个真实发生过的都市神话。

又或者，会有学生跑来找我说：“因为您的实验，我才进入了心理学领域。”

“哪个实验？”

“哦，您知道，监狱那事儿。”

它将永远存在，只因为它是社会科学领域所做的最为戏剧性的实验。这就相当于穆扎费尔·谢里夫的罗伯斯山洞实验（Robbers Cave Study）。由于斯坦福监狱实验持续了很多个小时、很多天，所以你可以看到行动中的人性转变。其他所有的研究都只持续了一小时。在米尔格拉姆的研究中，行动就是实验参与者按了按钮，或者没有按按钮，或者持续地去按电击强度更高的按钮。这个研究持续了不到一小时。

我还做了一件与斯坦福监狱实验有关的事情，那就是把这项研究变成了教学工具。我先是为自己的课堂做了幻灯片，接着让幻灯片自动播放并配上了音轨，开始分发这个教学工具，用的是来自斯坦福的经费。我得到了一小笔钱，把幻灯片制成一部电影，这是我和一个本科生肯·穆森（Ken Musen）一起完成的。我对如何把自己的想法向世界传播一直深感兴趣。因此，我们先是做了幻灯片，接着做了可以被广泛使用的学术微电影。如今，它又成了一部在全球上映的好莱坞大片。

然而对太多人来说，斯坦福监狱实验仅仅是负面的，只显示了好人如何变得邪恶。直到《路西法效应》的第 16 章，我才提出了相反的观点：普通人如何成为英雄。

我不希望我的墓碑上写着："他是那座斯坦福监狱的监狱主管。"相反，我更喜欢它是这样的："他把人们从心灵的牢笼中解放出来。"如果有一个很大的墓碑，可以这样写：

> 他把人们从害羞的牢笼、无知的牢笼、自我膨胀的牢笼中解放出来，他做得兴致勃勃，同时也激励年轻人去成为"日常英雄"。

He liberated people
from the prison of shyness,
from the prison of ignorance,
from the prison of
self-aggrandizement,
and he did it with fun,
while also inspiring youth
to become
Everyday Heroes.

Dr. Z

AN ORAL HISTORY

PHILIP ZIMBARDO

他把人们从
害羞的牢笼、
无知的牢笼、
自我膨胀的牢笼中
解放出来，
他做得兴致勃勃，
同时也激励年轻人
去成为“日常英雄”。

大事记
KEY EVENTS

- 1933 年　于 3 月 23 日在纽约市出生。

- 1938 年　因为双侧肺炎在儿童医院隔离了 6 个月，最后奇迹般痊愈。

- 1948 年　在詹姆斯·门罗高中就读，那一年他结识了终生好友斯坦利·米尔格拉姆，也凭借个人魅力和领导力当选高年级的学生会副主席和高年级中“最受欢迎的男生”。

- 1950 年　就读于布鲁克林学院，并在百老汇的圣詹姆斯剧院兼职工作了 4 年。他在那里售卖茶点、节目单并帮助客人存放外套，积累了很多“让顾客买单”的经验。

- 1954 年　从布鲁克林学院获得心理学、社会学和人类学学士学位。

- 1954 年　进入耶鲁大学读研，受到实验心理学家尼尔·米勒、比较心理学家弗兰克·比奇及社会心理学家卡尔·霍夫兰和利昂·费斯廷格的指导。费斯廷格对认知失调的研究是津巴多硕士论文的主题和之后 10 年研究的基础。

- 1955 年　获得耶鲁大学心理学硕士学位。

- 1959 年　获得耶鲁大学心理学博士学位。

- 1960 年　在纽约大学教书，一直在那里工作了 7 年。尽管每个学期都有五六门课程的教学重任，但他仍在以下 5 个方面做了大量研究：亲和、认知失调、共轭强化、说服和态度改变、去个体化。

- 1962 年　在纽约大学为美国国防部长罗伯特·麦克纳马拉颁发荣誉学位的毕业典礼上组织了一场反战抗议活动，登上了《纽约时报》头条。

- 1966 年　在曼哈顿组织暑期项目，为弱势群体高中生提供大学入学指导。

- 1967 年　在哥伦比亚大学担任了一年的访问学者，为研究生教授社会心理学。

- 1968 年　接受了斯坦福大学的终身教授职位，成为“大池塘里的小鱼”，与欧内斯特·希尔加德、理查德·阿特金森、阿尔伯特·班杜拉、戈登·鲍尔、埃莉诺·麦科比、沃尔特·米歇尔、罗杰·谢泼德以及约翰·弗拉维尔等众多心理学大家共事。

- 1969年　首次参与《心理学与生活》的写作，更新了第8版，并在后来持续将其编写至第19版。

- 1971年　于8月15—20日进行了具有里程碑式意义的斯坦福监狱实验，展示了情境力量对人的影响。实验原计划实施两周，结果在6天后紧急终止。

- 1971年　与克里斯蒂娜·马丝拉奇喜结连理。

- 1972—1989年　斯坦福监狱实验之后，开始寻找用心理学帮助人们的方法，开展了关于害羞、时间观和精神控制的研究。

- 1989年　成为《探索心理学》的创作者和主持人，亲自撰写脚本。两年半后，该节目在美国公共电视网播出，并在高中和大学的心理学课上被广泛使用。

- 2002年　当选为美国心理协会主席，在他的指导下，美国心理协会编制了一份适用于日常生活的心理学研究纲要。

- 2003年　阿布格莱布监狱虐囚丑闻期间，作为专家证人出庭。

- 2007年　在斯坦福大学校园进行了最后一次“探索人性”演讲，结束了50年的教学生涯。

- 2008年　首次登上TED演讲舞台，发表了主题为“普通人如何成为魔鬼或英雄”的演讲。同年成立“英雄想象项目”，这是一个非营利性组织，鼓励并帮助个人在生命中的关键时刻采取英雄行动。

- 2011 年　将自己撰写的论文捐赠给斯坦福大学档案馆。许多与斯坦福监狱实验有关的材料已经电子化，可以在网上查阅。
- 2015 年　好莱坞大片《斯坦福监狱实验》上映。
- 如今，津巴多每年有几个月的时间环游世界并发表演讲，致力于帮助个体摆脱情境牢笼，让世界变得更好。

大数据
BIG DATA

- 津巴多教授已获得斯坦福大学杰出教学奖、纽约大学杰出教学奖等 10 余项教学奖，美国心理学基金会心理学科学终身成就金奖等 20 项研究奖，威廉·詹姆斯最佳图书奖等 5 项写作奖以及近 10 项电视节目奖。
- 曾受邀到剑桥大学、牛津大学、多伦多大学、东京大学、北京大学、清华大学、香港中文大学等 70 余所大学演讲。
- 已发表或出版 600 多篇学术著作，其中包括超过 60 本科普读物和教科书。代表作有《心理学与生活》《津巴多普通心理学》《不再害羞》《雄性衰落》《路西法效应》等。
- 在中国，超 2 000 000 名读者从他的书中受益。

PHILIP ZIMBARDO

AN ORAL HISTORY

关于斯坦福大学口述史项目

《津巴多口述史》原书由斯坦福大学历史学会口述史项目组与斯坦福大学档案馆合作完成，并受到了斯坦福大学历史学会口述史委员会的指导。

斯坦福大学历史学会的使命是：促进和支持对斯坦福大学历史的文献记录、研究、出版、传播和保存。口述史项目组秉承学会使命，通过对院系领导、教职员工、校友、董事及其他人士的采访，探索学校制度的历史，并着重关注了第二次世界大战后的变革时期。采访录音及其文字记录为斯坦福大学档案馆现有的书面和影像资料提供了有价值的补充。

本书的采访者丹尼尔·哈特维希（Daniel Hartwig）毕业于艾奥瓦大学，在印第安纳大学获得文学硕士学位，在威斯康星大学获得图书情报硕士学位。2002—2004 年在威斯康星州历史学会（Wisconsin Historical Society）担任档案参考助理。2004—2006 年担任鲍尔州立大学（Ball State University）的助理档案管理员和数字项目开发人员；2006—2010 年任耶鲁大学录音服务档案管理员；2010—2019 年担任斯坦福大学档案管理员。

第 1 章　不服输的小孩

1. ZIMBARDO P, Bocchiaro P. When Disobedience is a Duty[J]. *Psicologia Contemporanea*, 2017, 264.

第 3 章　斯坦福监狱实验第一现场

1. Response to Critics of the Stanford Prison Experiment [EB/OL]. [2018-08]. https://www.prisonexp.org/response.

第 4 章　战胜人性的脆弱面

1. ZIMBARDO P. Time Perspective and Our Lives[J]. *Psicologia Contemporanea*, 2017, 260.

第 6 章　重新定义英雄

1. ZIMBARDO P. Civic Virtue, Moral Commitment, Everyday Heroism[J]. *Psicologia Contemporanea*, 2017, 262.

2. 想进一步了解英雄主义，可以观看主题为“成为恶魔还是成为英雄”（Becoming Evil, Becoming Heroes）的采访视频：What makes people go wrong [EB/OL].[2015-07]. https://www.youtube.com/watch?v=2PZEHGGRiTo。

3. ZIMBARDO P, Cianciabella S. Sexuality in the Internet Age[J]. *Psicologia Contemporanea*, 2017, 259.

第 7 章　解放人类心灵的牢笼

1. 想了解津巴多教授对种族歧视现象的最新思考，你可以进一步阅读主题文章“Racism and Pigment Power”，原文已在网络发表：Why Does Pigment Dominate Pride in Our Shared Humanity? [EB/OL]. [2020-06-11]. https://www.heroicimagination.org/post/why-does-pigment-dominate-pride-in-our-shared-humanity。

2. ZIMBARDO P. How Orwell's 1984 Has Influenced Rev. Jim Jones to Dominate and Then Destroy His Followers: With Extensions to Current Political Leaders[J]. *Peace and Conflict: Journal of Peace Psychology*, 2020, 26(1): 4-8.

3. ZIMBARDO P, Bocchiaro P. The Threat Induced by Stereotypes[J]. *Psicologia Contemporanea*, 2017, 263.

4. ZIMBARDO P. Totò, Cialdini, and the Principles of Persuasion[J]. *Psicologia Contemporanea*, 2017, 261.

译者后记

时光流逝，造就了一些历史人物。而津巴多教授无疑是心理学领域的一位历史性人物。

对一个心理学人，如果在有生之年得以遇见心理学领域的历史性人物，甚至还有机会做一些切实的沟通，翻译他的著述与大家分享，实在是一种幸福。

2006 年，已经从斯坦福大学退休的菲利普·津巴多教授在北加州帕洛阿尔托大学教授社会心理学课程。当时，我正在那里读临床心理学博士，听闻此消息后，立马去“蹭课”。于是我们的轨迹发生了交集。

课堂上，他就 2004 年在伊拉克阿布格莱布监狱发生的美国狱警虐待伊拉克战俘事件做了分享。教授作为该事件的见证专家之一，参与了各种评估和听证。他所传达的信息与斯坦福监狱实验所传达的一致：人在很大程度上是环境和系统的产物。我依然记得他在课堂上说："如果有很多'坏苹果'，那么就需要看看那个装着苹果的桶是否出了问题。"我对教授对授课形式的用心程度印象深刻，那是做足了准备的多媒体授课：音乐、视频、PPT，声光齐动，十分刺激人的感官，强烈吸引着学生的注意力。难怪他会成为斯坦福历史上可能最受欢迎、教过最多课和最多学生的老师。

直到2015年夏天，我才与教授有了更深入的联系。清华大学心理学系主任彭凯平教授率一队中国企业家来到旧金山湾区，为企业家们举办心理学讲座，我也参与了这次活动。经由帕洛阿尔托大学教务长比尔·弗罗明（Bill Froming）教授，我联系上了津巴多教授，邀请他参与演讲。津巴多教授不仅接受了邀请，还一并邀请了自己的夫人——斯坦福监狱实验中促使他提前终止实验、后来在加州大学伯克利分校从事职业倦怠研究的克里斯蒂娜·马丝拉奇教授。

活动当天，我和中国企业家们聆听了两位教授一整天的课。津巴多教授是意大利西西里人的后裔，那种热情洋溢就流淌在他的血液里，流淌在他行云流水般的课堂讲演中。我还记得课间走在伯克利的校园里，教授拄着拐杖，在经过一个斜坡时有点吃力。我走近他，他伸出左手搭在我肩上。那个瞬间，我感觉自己不是站在了巨人的肩膀上，而是在承担着某种分量，支持他往前走——在隐喻的层面，那可能就是参与分享他热爱的工作吧！

近年来，教授开始聚焦于"英雄想象项目"，似乎要把自己生命的最后一个阶段贡献给孩子们。他从心理学的视角，发展出可以学习的态度和技能，教导孩子们如何成为一个有责任感的好公民，做日常生活中的"超人"和"英雄"。

2020年新冠疫情期间，受第一届全球公益心理服务大会之托，我邀请津巴多夫妇分享各自的工作以及疫情下心理学家的责任和担当，他们欣然答应。在七八十岁的年纪依然兴致勃勃地回应着各种需求，回应着世界，令人感动。在我心里，他们是美国史上最有成就的伉俪。

遇见一本书，如遇见一个人，也需要因缘际会。

2019年夏，我在北加州的佩斯卡德罗营地遇见了湛庐文化的创始人韩焱女士，得知湛庐计划推出教授的口述史，并获得了翻译这本书的邀请。我提议索性去拜访教授夫妇，结果他们把我们一大帮子人迎进了他们美丽的家。在教授那间弥漫着书香的会客室，英文版的《津巴多口述史》在很多人的手中传阅着。资深旅行作家毛豆子为我们拍下了彩图最后的那张珍贵合影。

翻译《津巴多口述史》，让我得以经由教授的视角，来阅读斯坦福大学心理学系的发展史。我在斯坦福医学院的精神和行为科学系工作，自然也对斯坦福的心理学系颇感兴趣。心理学系所在的乔丹楼有很多心理学领域的历史性人物进出。除了津巴多外，还有发展出社会学习理论的阿尔伯特・班杜拉、研究压力的罗伯特・萨波尔斯基、提出成长型思维的卡罗尔・德韦克等人，群星璀璨，不愧是美国大学心理学系中的翘楚。有意思的是，心理学系的系主任是由教授们轮流担任的，而津巴多对管理工作并不热衷，所以选择不做。不过对于其他自己认为重要的事情，从反对越战、反对伊拉克战争、提倡两性平权到在教员中减少种族歧视，教授从来都保持着独立知识分子的立场和视角，积极参与其中并奔走呼号。作为教授，他无限贴近学生群体，在倾情投入、诲人不倦的同时，也不断地从学生那里汲取着灵感和年轻的能量，然后引导着学生们走向研究，或者把研究转化成临床应用。

这本书是我和陈思雨一起翻译的。她是我最小的合译者，还在上高中。津巴多近年来所聚焦的恰恰是这个年龄段的孩子，他从美国到波兰、从意大利到中国，深情地奔走或在轮椅里被推着四处走，正是想唤醒和鼓舞年轻一代更多地投身世界，而不仅仅生活在课本中。在此一并感谢湛庐的编辑，经由几番细致梳理，让本书的文字流淌起来。

2020年是一个不同寻常的年头。愿这本《津巴多口述史》给所有对心理学怀有兴趣，甚或想把心理学作为志业的人一些启发和激励。

童慧琦
斯坦福医学院精神及行为科学系临床副教授

未来，属于终身学习者

我这辈子遇到的聪明人（来自各行各业的聪明人）没有不每天阅读的——没有，一个都没有。巴菲特读书之多，我读书之多，可能会让你感到吃惊。孩子们都笑话我。他们觉得我是一本长了两条腿的书。

——查理·芒格

互联网改变了信息连接的方式；指数型技术在迅速颠覆着现有的商业世界；人工智能已经开始抢占人类的工作岗位……

未来，到底需要什么样的人才？

改变命运唯一的策略是你要变成终身学习者。未来世界将不再需要单一的技能型人才，而是需要具备完善的知识结构、极强逻辑思考力和高感知力的复合型人才。优秀的人往往通过阅读建立足够强大的抽象思维能力，获得异于众人的思考和整合能力。未来，将属于终身学习者！而阅读必定和终身学习形影不离。

很多人读书，追求的是干货，寻求的是立刻行之有效的解决方案。其实这是一种留在舒适区的阅读方法。在这个充满不确定性的年代，答案不会简单地出现在书里，因为生活根本就没有标准确切的答案，你也不能期望过去的经验能解决未来的问题。

而真正的阅读，应该在书中与智者同行思考，借他们的视角看到世界的多元性，提出比答案更重要的好问题，在不确定的时代中领先起跑。

湛庐阅读App：与最聪明的人共同进化

有人常常把成本支出的焦点放在书价上，把读完一本书当作阅读的终结。其实不然。

时间是读者付出的最大阅读成本

怎么读是读者面临的最大阅读障碍

“读书破万卷”不仅仅在“万”，更重要的是在“破”！

现在，我们构建了全新的“湛庐阅读”App。它将成为你“破万卷”的新居所。在这里：

- 不用考虑读什么，你可以便捷找到纸书、电子书、有声书和各种声音产品；
- 你可以学会怎么读，你将发现集泛读、通读、精读于一体的阅读解决方案；
- 你会与作者、译者、专家、推荐人和阅读教练相遇，他们是优质思想的发源地；
- 你会与优秀的读者和终身学习者为伍，他们对阅读和学习有着持久的热情和源源不绝的内驱力。

从单一到复合，从知道到精通，从理解到创造，湛庐希望建立一个“与最聪明的人共同进化”的社区，成为人类先进思想交汇的聚集地，与你共同迎接未来。

与此同时，我们希望能够重新定义你的学习场景，让你随时随地收获有内容、有价值的思想，通过阅读实现终身学习。这是我们的使命和价值。

本书阅读资料包

给你便捷、高效、全面的阅读体验

本书参考资料

湛庐独家策划

- ✔ 参考文献
  为了环保、节约纸张，部分图书的注释与参考文献以电子版方式提供
- ✔ 主题书单
  编辑精心推荐的延伸阅读书单，助你开启主题式阅读
- ✔ 图片资料
  提供部分图片的高清彩色原版大图，方便保存和分享

相关阅读服务

终身学习者必备

- ✔ 电子书
  便捷、高效，方便检索，易于携带，随时更新
- ✔ 有声书
  保护视力，随时随地，有温度、有情感地听本书
- ✔ 精读班
  2~4周，最懂这本书的人带你读完、读懂、读透这本好书
- ✔ 课　程
  课程权威专家给你开书单，带你快速浏览一个领域的知识概貌
- ✔ 讲　书
  30分钟，大咖给你讲本书，让你挑书不费劲

湛庐编辑为你独家呈现
助你更好获得书里和书外的思想和智慧，请扫码查收！

（阅读资料包的内容因书而异，最终以湛庐阅读App页面为准）

图书在版编目（CIP）数据

浙江省版权局
著作权合同登记号
图字:11-2020-260号

津巴多口述史 / （美）菲利普·津巴多
(Philip Zimbardo) 著 ; 童慧琦，陈思雨译. -- 杭州 :
浙江教育出版社，2021.3
书名原文: Philip Zimbardo: An Oral History
ISBN 978-7-5722-1421-9

Ⅰ. ①津… Ⅱ. ①菲… ②童… ③陈… Ⅲ. ①菲利普
·津巴多一自传 Ⅳ. ①K837.125.1

中国版本图书馆CIP数据核字(2021)第022129号

上架指导：心理学/传记

津巴多口述史
JINBADUO KOUSHUSHI
[美]菲利普·津巴多（Philip Zimbardo） 著
童慧琦 陈思雨 译

责任编辑：刘晋苏
美术编辑：韩 波
封面设计：ablackcover.com
责任校对：傅 越
责任印务：沈久凌
出版发行：浙江教育出版社（杭州市天目山路40号 电话：0571-85170300-80928）
印 刷：唐山富达印务有限公司
开 本：710mm ×965mm 1/16　　**插 页**：6
印 张：14.75　　**字 数**：232千字
版 次：2021年3月第1版　　**印 次**：2021年3月第1次印刷
书 号：ISBN 978-7-5722-1421-9　　**定 价**：69.90元

如发现印装质量问题，影响阅读，请致电010-56676359联系调换。